医療現場のわかる
弁護士らが教える!!

看護師・病院職員のための
患者対応
Q&A

編著
弁護士
森脇 正
川崎医科大学総合医療センター
病院事務部参与
森定 理

ぎょうせい

◆推薦の言葉◆

昨今の状況を鑑みて、ITによる情報取得の利便さ、また、権利主張の増大、医療技術の発達に伴う高度な医療提供などの中で、医療従事者は突然針の筵の上に土下座させられるような立場に追い込められるリスクを感じながら医療を行っています。

確かに、誠意を尽くして、医療を行うことにより、結果は残念なものでも感謝されることも多いのは事実です。何しろ、人間の死亡率は100%でありますので、結果だけで判断されると医療従事者に分はありません。

また、セクハラ、暴言、暴力をふるう問題患者には、医療行為以前に神経を使わされています。そういった中で我々は日々仕事をしているのです。

医療従事者は、医療については専門であっても、法律については素人であり､対応を間違えるととんでもない方向に進んでしまいかねません。また、直接、当人同士がぶつかることで感情が先に出て、問題点がすり替わってしまうことがあります。

あくまでも､落としどころは､医療を提供する側､受ける側双方にとって建設的な解決とならなければなりません。また、問題発生に伴って従業員同士がぎくしゃくすることになってもいけません。そこで専門家のアドバイスが必要になってきます。

今回、森脇先生らが出版される本書は、現場の具体的な疑問、事例に対する問題点をQ&A方式でまとめてくださり、理解しやすく、今現在困っている問題に照らして適切な対応に導いてくれそうです。

「医療現場のわかる弁護士らが教える‼　看護師・病院職員のための患者対応Q&A」を多くの病院管理者並びに病院職員に手に取っていただき、参考にしていただきたいと思います。

2020（令和2）年6月

一般社団法人 岡山県病院協会

会長 **難　波　義　夫**

◆はしがき◆

弁護士になって約40年が過ぎました。

私の仕事のテーマは、当初は医療訴訟・医療事故でしたが、最近では医療機関における問題患者への対応、あるいはハラスメントの対応等が避けられなくなり、事務所レベルでこの問題に取り組んでいます。

問題患者の対応については、2008年、森脇法律事務所の呼びかけに岡山県周辺の多数の大規模病院が呼応され、「問題患者等対応検討会（MPA）」（会長 森定 理）として発足し、様々な症例報告とその対応策を検討してきました。また香川県でも2018年に岡山県と同様の経緯で検討会が発足し、活発な活動を続けています。

医療訴訟・医療事故の発生件数は、最近では一時期に比べると数的には鈍化傾向にあります。しかし、この問題が現在の病院職員・看護職員にとっては極めて大きな問題であることには間違いなく、この対応もいささかも緩めることはできません。ところが、それ以上に病院職員・看護職員にとって難問なのは、上記の問題患者の対応であり、はたまた患者や病院職員間のハラスメント被害等の問題です。これらは本来、医療訴訟・医療事故とはあまり関連しない問題ですが、病院職員・看護職員にとっては日常的に経験される出来事です。

私はこれらの問題についてこの数年間、多くの病院職員・看護職員から赤裸々な質問を受け、それについて回答を試みてきました。

今回その質問と回答集を、株式会社ぎょうせいのお力添えにより、出版できることは、個人的には望外の幸せです。

しかし、質問の内容を見てみると、現在の医療現場が抱えている問題が如実に表出されており、病院職員・看護職員の現在がありありと想像でき、その過酷な職場状況に限りない同情と共感を覚えると同時に、職場内の出来事とはいえ、病院職員・看護職員はこれら問題患者あるいはハラスメントと連日格闘しながらも、患者のために日夜懸命に業務に従事しています。その姿勢に私は、心から感動を覚えた次第です。

私どもの役割は極めて限定的ですが、限定的な中にせよ可能な限り病院職員・看護職員の立場に立って問題解決に微力を尽くしたいと考えます。

本書がその役割を担えることを期待し、問題解決の一端に寄与することを強く希望する次第です。

なお、本書は、執筆の下地となる膨大な設問資料の編集作業を森定会長が、執筆を森脇が担当しました。

最後に、執筆にあたって、当事務所の弁護士である山根務、南本一志、竹内雄紀、寺内沙由貴の各氏の献身的な協力なしには刊行できませんでした。ここに深く感謝の意を表したいと思います。

2020（令和2）年6月

編者を代表して

弁護士　森　脇　　正

目　次

第6章　説明義務・同意

第7章　感染症対応

第8章　その他

序

はじめに

ある医療者の心境として以下のような述懐がありました。

『臨床現場において、常にベストの治療を心がけていても、医学的根拠に基づいて妥当な治療ができているとは限りません。救急処置をするとして、血管確保に何分かかったとか（当事者でなければ難易度は判定できません。）、気管内挿管に何分かかったとか、AED装着に何分かかったとか、そのようなことが問題になるかもしれません。慢性疾患を診るとして、生活指導が不十分なためコントロールが悪かったとか、開腹しないと診断のつかない急性腹症もあるでしょう。高度の検査機器を持っていても、深夜は人手が足りなかったり、作動できなかったりで、十分な検査ができないかもしれません。

これらの事情があることにより医学的に妥当性を欠いていないと医療者が考えても、結果が悪ければ責められることはしばしばあるでしょうし、説明する十分な時間がなければ不信感だけが増加するという場面も考えられます。全体的な傾向として、弁護士さんの出番が増えている印象を持っています。

医療者と患者さんのより良い関係を築くために心がけるべきことは、どのようなことであるとお考えでしょうか?』というものです。

この医療者の思いは、医療者でなくとも同感できます。

過去の様々な医療訴訟等の経験によって従来から痛感していることは、医学と医療の違いであり、医学書記載事項と医療現場との違いです。

第1章　ハラスメント・暴言・暴力
第2章　業務妨害・業務強要

Ⅰ　信頼関係の構築とその破綻

モンスターペイシェント（問題患者）、院内暴力、悪質クレーマー等の概念に該当する患者群に対する医療機関側の対応としては、最終的には法的対応、すなわち「刑事告訴」「民事訴訟の提起」「診療契約の解除」の処置をとることが可能です。これら一連の措置をとる理由は、医療者と患者側との基本的関係である信頼関係の破綻に尽きます。

上記概念に該当する患者群は、要するに医療機関との間で診療契約の基礎である、双方の信頼関係を破綻させている当事者ということです。もっとも双方の信頼関係を破綻させている原因が、主として医療機関側にあることも当然あります。したがって双方の信頼関係の破綻が発生していると判断される場合、上記の法的対応をとることは、信頼関係破綻の主たる当事者が誰かという検索は当然必要となってきます。

信頼関係破綻の主たる原因が医療機関にある場合は、当然厳格な自己規律が必要となってきます。しかし、信頼関係破綻の主たる原因が患者側にある場合は、病院機能、運営の保障のためにも、その要件を吟味したうえで、上記法的対応をとることが必須となってきます。

Ⅱ 問題患者の定義

問題患者（MP）の定義を『他の患者もしくは病院職員に対し、その故意に基づく言動態度が、社会的許容限度以上に不愉快感、迷惑感を与える患者』とします。この問題患者が生じた場合の病院側の法的対抗手段として、診療契約の解除があります。根拠は、医師法第19条第1項「診療に従事する医師は、診察治療の求があった場合には、正当な事由がなければ、これを拒んではならない。」に求めることができます。これはすなわち「正当な事由」があれば、診療契約は解除できるということです。

診療契約の基礎は、医療者と患者間の信頼関係の維持にあり、診療契約の解除は、医療者と患者間の信頼関係の破綻に基づくということです。

医療機関が診療契約を解除する場合は、「正当事由」が存在するのですから患者が診療契約を解除されることによって受ける不利益は、患者自身が受忍しなければならないということになります。

診療契約の解除は、それによって患者には受忍しなければならない不利益が発生しますから、慎重に取り組む必要があります。

Ⅲ 医療行為と信頼関係

「診療契約」の締結、履行、解除をめぐっては、現在様々な場面で様々な問題が発生しています。この契約の特殊事情としてその基礎に、患者との間に『信頼関係』が備わっているということが指摘できます。

医療契約の締結及び履行は、患者と医療機関との間に信頼関係が備わっていることが基礎的条件となります。確かに患者は場合によっては自己の生命問題に直結しかねない最大の課題をほとんどの場合、他人である医師にその決定を委ねるのですから、そこには相互の信頼関係が確実に形成されていないと、医師は患者に何の医療行為も実施することができません。

しかも、信頼関係は途中で突如、変化することもあり得るのですから、患者はもとより医師も当然のことながら、片時も医療行為を疎かにすることはできません。そのような緊張関係の中で、医療行為が形成されていきます。

Ⅳ　医療の限界

原則論として、医療に特有なことは、医療行為を実施したからといって必ずしも患者の希望した通りの効果が発生するとは限らないということです。患者ないし医療者は、医療の限界ということにも共通の認識を持つ必要があります。医療者は、医療の実態あるいは限界からみて、患者が希望する結果を請負うということは確約できません。医師は現在通常なされている医療行為を、誠実に実施することが求められているのであり、その限度で医療は完成します。患者は目的が自己の疾患の全快、あるいは軽減にあっても、必ずしも現代医学ではその実現が保証されるわけではないということに思いを致すことになります。この関係性の維持こそが双方の信頼関係の具体的な表れというべきです。

上記の原則論は、福祉施設利用契約類においても全く同様です。介護者と被介護者との間には、医療における患者と医療者の間と同様に、「信頼関係」の形成が不可欠です。両者の間にこの信頼関係が形成されていなければ、介護そのものが成り立たなくなります。特に施設は多くの場合、利用者固有の疾患（認知症等）によって、個々の利用者と介護者との間に具体的な信頼関係の形成が困難な場合もあります。しかしその場合でも利用者は自分の全存在を介護者に委ねており、介護者は、その利用者に情愛を注ぎ、その内容が信頼関係として現れていくことになります。

問題は、上記の診療契約及び福祉施設利用契約において、双方の信頼関係が破綻した場合、これら契約のあり方はどうなるのかということです。

信頼関係が破綻した場合は、再び信頼関係を形成するために努力するということはいえても、どの程度の努力をするのか、仮に相当程度以上の努力をしても信頼関係が再び形成されない場合はどうなるのか、問題は山積みします。

しかし、少なくとも一旦信頼関係が破綻ないし破綻に近い状態になった場合には、もはや信頼関係に基づいた医療行為や介護行為を、双方とも実施することは困難となります。医療行為、介護行為は双方の信頼関係が形成されていなければ、あるいは形成されていてもそれが破綻すれば、もはや依って立つ根拠を欠くからです。

診療契約にせよ福祉施設利用契約にせよ、当事者間で信頼関係の破綻をきたす原因を創出することは極めて容易なことです。すなわち患者あるいは医療者、利用者あるいは介護者が相手の信頼を損なうような行為をすれば、それは直ちに双方の信頼関係の破綻をきたすことになります。

医療者あるいは介護者の立場から言えば、どんなに全力で誠心誠意、医療あるいは介護に従事しようとしても、その協力者である患者ないし利用者が信頼関係を損なう行為をすれば信頼関係は破綻し、医療者あるいは介護者のその業務遂行の意欲は減退または喪失し、以降の医療、介護ができなくなることは容易に想像されることです。

もちろん医療者あるいは介護者の方から、患者ないし利用者との信頼関係を損なう行為に出ることも十分に考えられ、患者や利用者が最終的にはその医療機関や福祉施設のサービスを受けることを拒否し、他にそのサービスを求めることになることも容易に想像できます。

V　応招義務について

前述のとおり医療について言えば、医師法第19条に「応招義務」の規定があります。同条には「診療に従事する医師は、診察治療の求があった場合には、正当な事由がなければ、これを拒んではならない。」と規定されています。これが応招義務の規定です。

患者と医療者の間の信頼関係が破綻したとしても、診療を拒否するためには、上記の法律の規定に依拠する必要があります。即ち応招義務が規定されている限り、診療契約の解除をするためには裁判例では「医師の応招義務を前提とすれば、単なる信頼関係の破綻だけでは充分ではなく、患者が医療機関の業務を妨害したり、医療機関に対して不当な要求をするなどの事由が必要であり、また診療契約の解除によって患者の状態が悪化するおそれがある場合でないことも要すると言うべきである。」（大阪高裁平成24年9月19日判決）と指摘しています。

即ち診療契約を解除するためには、信頼関係の破綻に加えて、患者の医療機関への業務妨害、不当要求の実行や、患者の状態が悪化する恐れがないことなどが必要な要件とされているのです。

これらの要件が診療契約の解除のために必要ということは、実務的に言えば診療契約を解除する医療機関は、現に業務妨害されたり不当要求をされたりすること、解除しても患者の状態が悪化しない事を病院が証明ないし保証することが求められていることを意味します。

これは要するに、患者から業務妨害や不当要求があったとしても、それを少なくとも一時的には受け入れるべきであるということを、上記裁判例は述べているのです。

このような指摘を医療機関の職員として、受け入れることができるでしょうか。「現に業務妨害をされない限り、あるいは現に不当要求をされない限り、診療契約を解除することはできない。」ということは、病院にとってそれらの不都合が発生することが予測されたとしても、それだけでは診療契約を解除することはできない、ということになります。そしてこの不都合を説明する法的概念として、応招義務を医師（医療機関）に課しているというのです。

応招義務は、医師が医療を独占することの反面として医師に課せられているのですが、応招義務の解除は、正当な事由の存在が必要と限界づけられています。要するに病院職員は、患者からこれらの「実害」を受けなければ診療契約を解除することはできない、すなわち実害を受けること自体を受忍しなければならないと、裁判所は宣言しているのです。

裁判所の上記宣言は、法律論としてはその通りかも知れませんが、現実の病院職員の立場から見れば、その受忍は必ずしも容易なことではありません。病院職員は場合によっては、患者から何らかの実害を受けることをいわば強制（すなわち「受忍義務を負う」とも言えます。）されているといえ、職場の安全保障の観点からいっても問題が残ることは間違いありません。

Ⅵ 「応招義務」についての厚労省の解釈基準

応招義務をめぐっては様々な問題が提起され、医療機関は困惑の度を深めていましたが、令和元年12月25日に厚生労働省医政局長の名前で各都道府県知事宛てに、医師法第19条第1項の「応招義務について」の解釈基準が示されました。

その中には「患者を診療しないことが正当化される事例の整理」がなされており、応招義務が解除される具体例として次の①から③までのケースが挙げられます。

① **患者の迷惑行為**：診療・療養等において生じた又は生じている迷惑行為の態様に照らし、診療の基礎となる信頼関係が喪失している場合には、新たな診療を行わないことが正当化される。

② **医療費不払い**：以前に医療費の不払いがあったとしても、そのことのみをもって診療しないことは正当化されない。しかし支払能力があるにもかかわらず悪意を持ってあえて支払わない場合等には、診療しないことが正当化される。…特段の理由なく保険診療において自己負担分の未払いが重なっている場合には、悪意のある未払いであることが推定される場合もある。

③　入院患者の退院や他の医療機関の紹介・転院等：医学的に入院の継続が必要ない場合には、通院治療等で対応すれば足りるため、退院させることは正当化される。…病状に応じて大学病院等の高度な医療機関から地域の医療機関を紹介、転院を依頼・実施すること等も原則として正当化される。（抜粋）

上記の厚生労働省の「応招義務」についての解釈基準は、いわば公的な解釈として受け止められ、完全では無いにしても従前から躊躇されていた問題について一定の解釈が示され、今後は類似事例について医療機関の積極的な対応が望まれます。

厚生労働省がこのような解釈基準を示したのは、医師の「働き方改革」推進の一環に根拠をおきますが、しかし実際問題としての医療現場の疲弊ぶりを国としても察知し、その改善に取り組んだ姿勢として、一定の評価を与えるべきです。ただし、医療機関と患者との信頼関係の減退あるいは破綻の場面は様々な条件下で生じており、一片の解釈基準ですべてが解決するとは到底思えないのが医療の現場です。

しかし、これを契機に、医療機関と患者との信頼関係のよりよい形成を続けていることはもとよりですが、もしもその信頼関係形成に破綻傾向が見えたときには、医療機関と患者との健全で持続的な信頼関係を維持していくためにも、早急に対応することが望まれます。

第3章　転倒・転落

Ⅰ　転倒・転落の実態と限界

転倒は、その言葉の意味を「広辞苑」で見てみると「ひっくりかえること　逆さまになること」としか記載されていません。

転倒を、医療の現場あるいは介護の現場で考えてみるとその定義は「直立二足歩行している人が、何らかの原因で同人の足底以外の身体部分が床面等に付着すること」といったふうに考えられます。この定義でいけば、歩行中に急に膝折れが発生して膝が床面あるいは路面に付着することも転倒と言えます。このような転倒が医療あるいは介護の現場で発生した場合、しかも転倒者が負傷して何らかの治療が必要となった場合、医療あるいは介護の現場の責任者に対して損害賠償請求が発生することがあります。この場合、現場責任者の損害賠償責任を問うためには「患者の転倒が予め予想することができ、したがって防止方法を講ずることができるにもかかわらず、医療者の不注意によってその防止方法が取れなかった」という事情の存在が必要となります。しかし、上記の事情の存在が認められるか否かは、その判断が極めて難しく、一概に決めることも困難であると言えます。

例えば、裁判例を見ても、転倒について責任者の責任を肯定する場合、あるいはこれを否定する場合、統一的な方針は定まっているとは言えない状況が続いています。責任論はまさに上記の事情が存在するかどうかということを個別、具体的に検討するしかその判断はできないと言うべきです。

転倒・転落は、すべての医療機関や福祉施設で一定の頻度で発生していることは多くの報告で明らかにされています。各医療機関、福祉施設は、転倒・転落防止のために精一杯の研究、工夫を重ねていますが、例えば転倒の発生のメカニズムからいって、少なくともその減少は見られないどころか、症例的にはますます増加していると言えます。

現実問題として、転倒後に負傷した場合には責任者に責任が追及されることも散見されますが、その際、転倒防止をどのように実施すべきか、その可能性を含めて様々な議論が交わされています。転倒に関する文献を見て、最近では極めて詳細な研究報告がされており、その中には認知症者の転倒予防という問題に絞っている研究もあります。しかし、それらの研究が進んでいるといっても、現在のところ目に見えて有効な防止方法が開発されているわけではなく、また仮に何らかの有効な防止方法が開発されたとしても、実際問題として転倒の症例が減少していないことから言えば、その有効性に疑問を挟まざるを得ません。

しかし、もともと転倒を「加齢、疾病・障害、運動不足、薬物の影響などを発生要因として、人類が長い進化の過程で獲得してきた直立二足歩行をしっかりできないほど、身体機能（運動機能、感覚機能、高次脳機能）が衰弱、あるいはひずみをきたした結果に起こる、つまり『転倒は結果』ととらえることができます。」（「認知症者の転倒予防とリスクマネジメント　病院・施設・在宅でのケア　第3版」〔日本医事新報社〕12頁）と捉えているとすれば、その防止はそう簡単には実現できないことを残念ながら認めざるを得ません。

Ⅱ　転倒・転落における責任論

しかし、そうはいっても医療施設、介護施設で転倒事故が発生した場合、その被害者である患者側から責任者は責任を追及されることが往々にして発生しており、この責任論をどう考えるかということも看過できないテーマとしてあります。転倒についての責任論は前述のように様々な問題がありますが、転倒（転落を含めて）は、その発生、完成がほとんど瞬間であり、転倒している瞬間に防止できる時間的余裕は全くと言っていいほどありません。

例えば膝折れの場合、その発生と同時に転倒は完成することから言えば、時間的に言えばおそらく1秒以下で完成すると思われます。そのような時間的余裕が得られない場合に、実際に職員が転倒者の直近の場所に位置していたとしても、その有効な防止方法を実行することは不可能に近いと思われます。もちろん患者の特性に応じてあらかじめ予測できる態様の転倒であれば、経験的に防止の方法が編み出されており、実際の転倒場面に直面した際にそれを実行すれば足りることになりますが、そのような事態を経験することはなかなかありません。

要するに、転倒（転落を含めて）は、その発生要因あるいは態様から考えて、医療機関や福祉施設の職員が最終的な防止方法を取ることは不可能に近いとの認識を形成した上で、責任論を検討すべきです。

医療施設、介護施設で発生した、転倒・転落はすべて責任者に責任が発生するとの意識が根付くようなことになれば、医療、介護そのものが萎縮してしまうことになりかねません。厳密な検討を経た上での責任論を講じるべきです。

第4章　医療現場での事故・紛争

Ⅰ　医学と医療との関係

『医学』と『医療』、この両者の関係を元日本医師会長は、『医療は医学の社会的適応』と定義しています。

医療そのものはまさに医療現場で行われるものです。

例えば救急医療の場合は、血管確保をする、気管内挿管をする、AEDを装着する、しかも可及的速やかにする、といった記載が医学書には記されています。しかしこのような医学書の中には、それを実際に実施する医療者の技量、経験、更に置かれている環境や患者の特性といった諸事情は、ほとんど記載の対象となっていません。

しかし、医療の現場では、教科書的な医療内容を実施するためには、以下のような様々な事情が全て整った上で、初めて予定された医療行為、看護行為を実施することができるのです。

・現実に特定の医師や看護師の医療・看護行為が必要と判断されるときに、実際に医療・看護が実施できる態勢にあること。

・その為にはなすべき医療・看護行為を実際になすことができる技量が医療者に備わっていること。

・実施すべき医療を実際に実行することができる医療材料が整えられていること。

・医療者がまさに医療をする際に、例えば実施するのに必要な自身の体調を整えていること。

・患者固有の理由で医療行為の実施がさほど困難でないこと。

等です。

そのうえ、その実施した医療・看護行為の結果は、すべての患者に対し必ずしも良い結果が発生するとは限りません。まさに医学の不確実性が顕現する場が多いというべきです。

Ⅱ　医療訴訟の争い方→医療現場の再現

このような諸事情のもとで行われているのが医療の現場であり、仮にその過程で患者に医療被害が発生したとしても、医療者にその責任を直ちに追及することには極めて慎重であるべきです。医療者に責任を追及し、仮に損害賠償責任を課すとすれば、前提事実として、医療被害が発生した当時、当該医療被害の発生を防止する方法が確立されており、それを実行できることが確認されていることが必要となります。そのような前提事実が確認されない段階では、当該医療行為の法的責任論を論じることはできません。

「医学書」風にいえば、ほとんどの医療行為は完璧に実施可能なものであり、その医療行為による医療被害の発生は、最大限の予防策を実施すれば予防が可能であるとともに、医療被害が発生したとしても、適切な治療を実施すれば被害が救済されると結論づけているものが多いと思われます。

患者側の立場に立つと、医療被害者を救済するための医療者への責任追及手段として、医学書や学術論文を武器として法的主張が構成されます。まさに医学と医療、医学書と医療現場の差は患者・医療者双方の法的主張を構成する場合に、医学と医療の考え方について、なんらの歯止めとなっていないことが痛感されます。

今後の医療訴訟を戦う時に必要なことは、医療行為が行われた場はまさに医療現場そのものであるとの原点に立ち戻り、医療現場そのものを出来る限り忠実に再現して、裁判所に伝える作業をさらに強化していくということに尽きます。さらに、その内容が医療現場の限界を意味するものであったとしても、忠実に再現することが必要です。医療者は医療現場そのものを清濁合わせてあくまでも忠実に再現し、その上で裁判所の判断を求めるという姿勢が肝要です。

上記のことを前提として、医療者と患者との良好な信頼関係を構築するための心構えとしては、まさに医療は医師と患者との「共働行為」であるという理念を共有することです。併せて医療の限界と疾病の限界について医療者、患者双方が正確な知識を共有し、相互に補強するような関係を形成すべきです。

本来医師と患者は信頼関係を前提として医療行為を進めていきます

が、一度不都合が発生すれば、たちどころにその信頼関係に破綻をきたし、両者とも塗炭の苦痛を経験することになります。悲劇の連鎖は可及的速やかに静止されるべきです。

第５章　診療記録・看護記録・録音

Ⅰ　医療過誤訴訟における記録の意義

医療記録は裁判所においては、その信用性が極めて高く、医療記録に記載された事実については、その事実内容が当時の現場に発生、存在するものとして認定されることになります。

これを逆に言えば、実際に存在した事実、例えば適切な医療行為を実施したとしても、その旨を医療記録に記載していなければ、その事実は内容によっては存在しなかったと認定されることになります。

また、仮に記載されていたとしても、その内容が不明確であったり、様々な解釈を生む余地があるような記載であった場合は、上記と同様の判断をされることになりかねません。

医療記録の文言自体は明確性、正確性を重視すべきです。医療記録と異なる内容を裁判所で立証するためには、記載した医師の証言が必要となりますが、その証言によって医療記録の記載内容を覆すのは至難の業です。

医療訴訟は、過去の医療的事実を裁判の場で再現することで争われます。過去の医療的事実を裁判の場で再現するためには、可能であれば同様のことが裁判所で再現できれば良いのですが、そのようなことは事実上できません。そのために裁判では医療記録類が重要視されます。すなわち争われている医療事実を再現するための手段として医療記録類が用いられるのです。医療記録類が不十分であるということは、総じて言えば事件当時の医療的事実の再現力が弱まり、場合によっては裁判において誤った判断がなされる可能性があります。これを防ぐためにも医療記録類には明確性、正確性が望まれるのです。

カルテの信用性については、岐阜地裁（昭和49年3月25日判決）での裁判例があり、その内容は以下の通りです。

「医師法第24条によれば、医師は患者を診察したときは診療に関する事項を記載した診療録（カルテ）を作成し、これを5年間保存しなくてはならないところ、カルテの作成、保存を医師に義務づけたのは、医師の診療行為の適正を確保するとともに患者との関係で後日医師の診療をめぐって生起するかもしれない問題（再診療、医療費請求、医療過誤による損害賠償請求等）の法的紛争についての重要な資料となるものであり、カルテに記載がないことはかえって診察をしなかったことを推定せしめるものとすら一般的にはいうことができるからである。」

裁判においてはカルテのみならず、すべての医療記録類には同様の評価がなされると考えるべきです。

Ⅱ　医事紛争に対応する上でのカルテ記載

改めて、まず医療訴訟における証拠としてのカルテの役割を考えてみます。

医師法第24条第1項には「医師は、診療をしたときは、遅滞なく診療に関する事項を診療録に記載しなければならない。」と定められています。

カルテは診療後、遅滞なく記載されること、およびその記載が法律によって義務付けられていることから、カルテの記載内容は、裁判上「真実性が担保されている。」と評価されています。

医療訴訟の構造は要するに、医療行為時の医療内容をできるだけ忠実に言語によって再現することにあります。その手段として最も信頼性の高いのがカルテです。カルテの記載は当該患者の病状の医学的記録のみならず、医療訴訟の場面においては、現場再現の最有力証拠資料となります。

上記のようなカルテの性質から医療訴訟に限って言えば、必要記載事項は医療行為の無過失性を推定させる事実に尽きます。

医療訴訟で争われる場面として、検査、診断、治療あるいは説明といった場面が考えられますが、そのそれぞれの場面、例えば検査の場面に限っても、検査の適応性、検査手技の妥当性、検査結果の医学的データ読み取りの正確性、治療法選択への有効性、検査自体の合併症発生の可能性といった面についてもカルテに記載されていれば、その記載だけでそれら検査行為の正当性が立証されます。同じようなことは他の医療場面でも言えることです。

カルテに記載される医療の情報量はその内容が豊富であればあるほど、医療行為の正当性の判断資料が多く提供されることになり、医療行為の判断の正当性が担保されることにもなります。特に説明義務の履行、例えば手術や検査前の説明については、いわゆる合併症の発生の可能性と合わせて、その説明を聞いた患者側の反応を患者の具体的な言葉で表現しておくと、合併症の発生の可能性についての説明の事実とそれに対する患者の承諾事実がリアルに表現されることになります。

カルテ記載の必要性について一点加えておきます。

医師がある医療行為を患者に勧めた場合、患者がこれを拒否することがあります。この場合はその詳細、即ち医師が勧めた医療行為の内容、適応等の詳細と、患者がこれを拒否した理由が判明していれば、患者が真摯な判断でこれを拒否したことと、患者のその判断を積極的に疑う事情が存在しない事実であることをカルテ上に是非記載しておくべきです。患者が医師の勧める医療行為を受けなかったために容態が悪化した場合、これらの事情が明らかにされていない場合は、医師の医療行為への勧めがなかったとも考えられる場合があります。

しかし上記のカルテの記載を詳細にすることを求めたとしても、現実の臨床の場で、それらを実際に記載するような時間的余裕があるかどうかということが問われることになります。

医療はカルテ記載のみがその内容ではなく、患者への治療を含む医療行為そのものが主たる内容であってみれば、医療訴訟の対策のみを念頭に置いたカルテ記載の姿勢は、検討されるべきものとなります。本来カルテの役割は利用者の医療行為の判断資料としての記録にとどめるべきであり、結果的にその正確な判断資料が医療訴訟の場でも活用されるという限度に留めておくべきものと思われます。

なお、問題患者からの言動については医療行為の記載とは別の角度で、その問題行動を主観的に記録に残すことも必要な場面があります。

その際に記録を残すことに躊躇する必要はありません。

第6章　説明義務・同意

「IC」を簡単に「説明と同意」と訳した場合、少なくとも医療裁判上この用語が用いられることはありません。医療訴訟上「IC」の問題として議論される中身は、いわゆる「説明義務」です。

説明は義務ですが、患者の同意を取ること自体は義務の対象とはなっていません。もちろん説明の目的は様々ですが、近年では最も大きな目的として「患者の自己決定権の適切な行使のための医療情報の提供」が挙げられます。

医師の説明義務の問題をめぐっても、様々な問題が発生しています。医師の説明義務の問題で最も重要なテーマは、説明の内容です。どのような事実あるいは評価を説明しなければならないのか、ということです。説明の内容はもちろん各医療事実によって様々であり、その内容は各論的に検討する必要があります。しかし、あわせて重要なのは、患者の承諾を得ているかどうかということです。患者に医療行為を実施する場合、特に侵襲的医療行為を実施する場合には患者の承諾は必ず得ておく必要があります。

もし、患者が承諾していないというような主張をして裁判になった場合に、患者の承諾をしたという事実を裁判で証明しなければいけません。そのためには、医師の説明の事実と患者の承諾の事実が記載されたカルテ類を示すことができれば、それが最も重視されることになります。

したがってカルテ類の説明と同意の記載の仕方も、多少の工夫がいります。例えば患者の承諾の事実を証明するための記載として、「医師が手術の内容と合併症発生の危険性について説明し、患者は手術を受けることを承諾した。」という記載のみでは患者の承諾の事実をリアリティを持って証明したことにはなりません。医師が患者の承諾があったという評価をするためには、医師の説明を聞いた患者の表情からその承諾があったとの評価をすることになります。そのためには、例えば患者の肉声を記載することもその有力な資料となります。特にその患者固有の言葉、方言等が含まれていればより一層承諾したことのリアリティが増すことになります。

医師の説明と患者の承諾については、一つの限界を設定しておく必要があります。すなわちどのような場合に説明と同意が必要なのかということです。臨床的には、患者の同意を必要とする医療行為の必要性、医師の医療行為時に同意権者と容易に連絡が取れその意思が確認できる状態にあること、及びその同意権者に同意能力が存在すること、という要件が必要です。

逆にこのうち一つの要件でも欠ければ、医師は目前の患者の状態に対して患者の同意を得ないで医療行為を実施することも必要となる場合があります。このときは医師の勇気ある決断と実行が期待されます。そしてその場合は、同意のない医療行為自体が「許された危険」として法的にも許容されることになります。

また、医師が患者に説明をする場に同席した看護師が、上記のような点に留意して記録を残すこともあります。

第７章　感染症対応

現在（2020年４月）、人類が直面している新型コロナウイルス感染問題は、単に感染患者の問題にとどまらず、空間的には地球的規模、分野的には社会のあらゆる面でその影響が及んでおり、悲惨な被害状況が拡散しています。各国ともコロナ禍の災い回避に向けて悲痛な努力を重ねています。もちろん我が国もその例に漏れず、日夜医療関係者をはじめ様々な分野の関係者が感染防止あるいは治療に向けて渾身の努力を傾注されています。最近のマスコミ報道から見ると、様々な努力が多少でも功を奏したのか世界的には感染速度に多少の好転が見られるとの観測がありますが、その先行きには安堵感を与える材料はほとんど示されていません。

日常の社会生活上もコロナ関連の問題は様々な分野に解決しがたい問題を投げかけており、出口の見えない、あるいは先の見えない難問が連日のように発生しています。まさにコロナ問題は少なくとも我が国が直面する初めての課題であり、その解決法をめぐっては多くの叡智の結集とたゆまぬ努力が必要であることは多言を要しません。

多くの医療機関の方の情報を集めてみるとコロナ関連の問題で従前とは全く違った新たな問題が浮かび上がっており、医療機関に勤務される職員の方は、その解決に向けて一層の努力が必要であるとのお話に接することがありました。

医療機関の方から、新型コロナウイルス感染者の診療及び感染防止策をめぐる法的問題に関して現在は数少ないのですが相談が寄せられております。例えば、新型コロナ陽性の患者についての身体拘束の可否、入院患者（新型コロナの非感染者を含む）の面会制限の可否、感染リスクを理由とした外来受診の患者の診療拒否の可否、及び院内感染が生じた場合の法的責任の範囲などの相談です。

厚生労働省においては、各種の指針が公表されています。しかしながら、これらは主として感染拡大防止を目的としたものであり、医療機関等に日常的に発生している、あるいは発生し得る法的問題について回答したり解決の指針を示したりするものではありません。

新型コロナウイルス問題自体が、少なくとも日本では初めての体験であり、どのような問題が発生するのか厳密に言えば予測もつきません。しかしコロナ問題の性質からいって法律問題が全く生じないということは考え難く、発生する問題は全く新しい論点を含んでいることも間違いありません。

ウイルス感染症との共存という、新たな時代が始まります。

第1章

ハラスメント・暴言・暴力

1 入院患者による職員への侮辱的発言

質問1 患者から職員に対して「太っている」や「顔が怖い」などの発言が原因で職員が精神的にダメージを受けました。この患者はターミナル状態ですが、だからといってその発言を全て職員が受け止める必要がありますか。

A 患者からのこのような発言を受け入れる必要は全くありません。

解説 入院患者から職員に対してご質問のような発言があった場合、この発言内容は職員に対して侮辱的な発言、相手人格に対する攻撃行為発言に該当します。そのような発言自体は、患者と職員との社会的関係において許されるものではなく、またその発言者が、特に病院の入院患者だからといって許されるものでもありません。

職員が患者のその発言によって、例えばメンタルヘルス面で具体的な被害が発生した場合、その発言が患者の何らかの病状の現れとしてなされた場合は、その違法性の程度について多少の考慮の余地はなく、患者自身の性格に基づいて発せられた言動は免責される余地はなく、患者がターミナル状態であったとしても、その故意に基づく発言である限り、許されるものではありません。

したがって、このような発言を受けた職員は、当該患者に対してそのような発言の停止を求めると同時に、場合によっては当該患者に損害賠償請求をするということも検討すべきです。患者にそのような言動の停止を求めても、患者がそのような発言を停止することなく、仮にますます増長するようなことがあれば、その状態はもはや病院と当該患者との診療契約、入院契約の基礎である信頼関係が破綻しているというべきです。

患者のそのような発言を克明に記録に残しておき、最終的には診療契約の解除という措置に出ることも検討することになります。

2 男性看護師による女性患者への対応

質問 2 男性看護師が、女性患者の授乳中に訪室した時に、患者から精神的に負担を感じたと一方的に言われた場合、セクハラなどで立件されてしまうのですか。

A **正当な医療行為である限り、違法性はなく、刑事上も民事上も立件されません。**

解説 ご質問のような出来事は、厳密に言えば「セクハラ」とはならずに、社会生活の礼儀上の次元の問題です。

セクハラを極めて簡単に定義するとすれば「職場での相手の意に反する性的言動」ということです。このセクハラは2つに分類されます。その一つは対価型セクハラと言われるもので、これは職務上の地位や権限を利用して相手に不利益や不快感を与える性的言動を言います。他の一つは環境型セクハラと言われるもので、労働環境や就業環境に著しく悪い影響を与える性的言動を言います。いずれも職場内において勤務する者同士の関係性を言います。

ご質問のような場合は、男性看護師と女性患者は同一の職場内の関係性はありません。したがってこのような関係におけるご質問の出来事は、直接的には「セクハラ」と言うよりも、社会的関係での礼儀上の問題として考えるべきです。

社会的関係の礼儀ですから、例えば著しく礼儀を欠いた言動に出て、相手方が極めて精神的に傷つけられたと言った場合は、男性看護師が女性患者に対し損害賠償責任を負う事があり得ますが、本件のような場合は、少なくとも著しく礼儀を失したとは言えません。しかし男性看護師が、例えば通常の業務として女性患者の部屋に入室する場合は、ある程度以上の礼儀をわきまえた上で入室するということを心がけるべきです。

3　男性看護師のセクハラ訴訟の可否

質問3　男性看護師が、女性患者への処置で、触れられたなどの性的なことを理由に訴えられることはありますか。

A　**訴えの意味にもよりますが、裁判上ではこのような行為は違法性がありませんので、訴えは認められません。**

解説　これらの行為を例えばセクハラの趣旨で考えてみると、セクハラ問題の発生は、とりあえず女性患者の主観的判断が発端となります。

したがって、どのような場合でも女性患者が自分はセクハラを受けたと思えば、それがセクハラだという主張をすること、それ自体は避けられません。しかし、このことを恐れて、必要な医療行為あるいは看護行為を実施しないことによる患者の不利益も看過することはできません。患者には事前に、医療行為、看護行為の内容を説明し、決してセクハラでないことを強調しておくべきです。また特に特定の女性がそのような被害意識を強調するような場合は、他の看護師も可能であれば同席して看護行為を実施すべきです。

なお損害賠償請求という法的レベルでは、相当のセクハラ行為がなければ成り立たないことになります。セクハラはどちらも主観的な意思の有無が発端となりますが、その厳格な判定は極めて困難です。

4 医療行為でのセクハラの有無

質問 4　女性の心エコーを男性が実施する場合、監視をする（サポートする）女性を付けるのですが、その他の心電図、腹部エコー等では、監視はどこまで必要ですか。セクハラになるかならないかの判断基準はどのようなものでしょうか。

また、男性が実施する場合、他の同席者（女性）のサポートの必要性はありますか。

A　基本的には、正当な医療行為を実施している限り、セクハラには該当しません。

解説　特に、女性患者を対象とする医療行為を実施する場合は、得てしてこのような問題が発生する危険性があります。しかしセクハラの本来の意味から言えば、その発端は第一義的には被害者の主観的判断によります。

したがって、どのようなガードをしたとしても、被害者自身がセクハラとの感覚を持てば、セクハラ問題として発生することになります。

診療行為中に女性のサポートをつけることができたとしても、その効果は、いわゆる客観的なセクハラとしては成り立たないことを目撃者として証明することにあります。

かといって、すべての診療行為に女性のサポートを付するわけにはいきませんし、その法的な義務もありません。単にセクハラが発生したといっても、あくまでも患者の主観的判断のみに限定されている場合は、少なくとも損害賠償責任が発生することはありません。

損害賠償責任が発生するのは、極めて悪質、明白なハラスメントであり、それが客観的証拠によって証明される場合に限られます。医療者はこのようなハラスメント攻撃を、過度に警戒する必要はありません。

5 患者からの暴言

質問5 暴言とはどのようなものを指すのでしょうか。感情的になって声が大きくなる場合もありますが、暴言かどうかはどのように判断すればいいのでしょうか。

A **暴言を受けた立場から、暴言の成否を考えます。受け止め方は人によって様々です。**

解説 暴言とは、国語的には礼を失した乱暴な言葉を意味しますが、法律上の言葉として比較的近い意味をもつものが「脅迫」という概念です。

刑法第222条は、「生命、身体、自由、名誉又は財産に対し害を加える旨を告知して人を脅迫した者は、2年以下の懲役または30万円以下の罰金に処する。」と定められています。

すなわち、狭義の脅迫とは、告知される害悪の種類が特定されています。したがって、広い意味での暴言の中に脅迫が含まれるものであり、すべての暴言が犯罪行為になるわけではありません。単に、「声も大きくなる」場合は暴言にとどまりますが、刑法上の犯罪（脅迫罪）が成立するためには上記の条文の内容に合致することが必要です。

暴言、脅迫についての法律上の解釈は上記のようなものですが、日常社会の中で「暴言」を加えられた被害者は、それによって発言者に極めて不快感、不信感が発生した場合に、その回復を図る必要があることがあります。

医療行為の場合は、それらの「暴言」が積み重なった場合、そもそも患者と医療者との信頼関係が破綻したとの理由で、診療契約の解除に持ち込むこともできます。患者は「暴言」を医療者に発することがどのような効果を及ぼすかということをほとんど考えていません。

そこで多くの病院は、これら「暴言」発言者である患者に対し、これら「暴言」が続く限りは診療契約の解除も検討するという警告文を差し出すことを実践しています。社会的関係の中で「暴言」自体は放置されるべきものではありません。

6 パソコンによる中傷

質問6 インターネットやSNS上に、職員を中傷することを患者が何度も書く場合があります。どのような対策を講ずべきでしょうか。

A まずは当該記載を証拠として保存し、サイト管理者等に対する削除請求や、発信者自身に対する削除請求・警告・損害賠償請求等を検討します。

解説 患者が職員を中傷する内容をインターネットのウェブページやSNS上に記載している場合、誰が、いつ、インターネット上のどの場所に、どのような記載をしたのか等の事実を特定する必要があります。そのため、当該記載について対応を検討するためにまず行うべきは、当該記載を証拠として保存することです。保存の方法としては、当該記載がされたウェブページ等をプリントアウトしておく方法や、当該ウェブページ等を表示した画面のスクリーンショットを保存する方法などが考えられます。この際には、記載がされたウェブサイトのURLがわかるように保存しておく必要があります。

そのうえで、当該記載内容が、具体的にどのような法的権利を侵害しているかを検討します。例えば、職員の社会的評価を低下させる事実記載があれば名誉毀損になりますし、公表されたくない私事が記載されていれば、プライバシー侵害となります。

具体的な対応としては、当該記載がされたサイト管理者やサーバー管理者に対する請求と、当該記載者自身に対する警告・削除請求・損害賠償請求等が考えられます。

サイト管理者等に対しては、当該ウェブサイトの削除申請フォームから削除を依頼したり、プロバイダ責任制限法ガイドラインに基づく削除請求をすることにより、記載を削除してもらえる場合があります。

他方、当該記載を行った本人に対しては、法的権利侵害を理由として、削除請求や今後同様の記載を行わない旨の警告のほか、損害賠償を請求する等の手続きが考えられます。

記載内容が法的権利侵害に至っている場合は、このような法的手続きの実施を検討すべきです。

なお、当該記載を行った人物が特定できない場合には、発信者情報の開示手続きにより、記載者を特定できる場合があります。

7 脅迫罪・強要罪等の成立

質問 7 男性患者が、看護師の対応が悪いと言葉尻を捉えて、大声など粗野乱暴な言動で看護師の上司等を無理やり土下座させましたが、強要罪は成立しますか。

A 法的には強要罪は成立します。あとは手続きの実行如何によります。

解説 強要罪とは「生命、身体、自由、名誉若しくは財産に対し害を加える旨を告知して脅迫し、又は暴行を用いて、人に義務のないことを行わせ、又は権利の行使を妨害した者は、3年以下の懲役に処する。」(刑法第223条第1項)、「未遂は、罰する。」(同条第3項)という犯罪類型を言います。

ご質問のこの看護師が、仮に男性患者にとってその対応が悪かったとします。その上で、その対応が客観的に悪かったとすれば、社会的礼儀の問題として、直接謝罪をすればそれで問題は普通、解決します。看護師の対応が悪いという表現からは、男性患者はそれによって具体的な被害、例えば身体的被害を受けたとは言えないようです。また男性患者がこれによって誰でも受けるようなレベルで精神的被害を受けたとも言えないようです。

そうなると男性患者が当該看護師に求めている「土下座」による謝罪の方法は、完全に謝罪の方法として社会的常識を超えたものとなっています。看護師は本来このような男性患者の要求に応じる義務は全くありませんが、その場の雰囲気で土下座に応じざるを得ないような状況であれば、男性患者が「強要罪」記載の言動をしているからには、刑事告訴に踏み切るべきです。

その方法として看護師は、男性患者の言動を具体的に記録し、それを専門家に依頼して告訴状を作成し、警察に提出することになります。

男性患者のこのような行為は、社会的にも人間的にも許されるような行為ではなく、このような状態が仮に改められないとすれば、病院と患者との信頼関係が破綻したという理由で、診療契約の解除に持ち込むことができます。

8 精神疾患者からの脅迫まがいの申出

質問 8 自分の気に入った看護師に、執拗にメールアドレスを聞いたり、夜勤の際にはカーテンが閉まった状態で看護師の手を握ったり、自分のベッドサイドまで引き入れようとするなどの行為を行い、これが受け入れられないと自殺をほのめかす。この患者は非常に感情的になりやすく、激昂すると何をするかわからない、実際に自殺もしかねない性格である（奥さんも認めている）ため、やむを得ず聞き入れている状況です。拒絶して患者が自殺した場合、病院にはどこまで法的責任がかかってくるのでしょうか。

A　このような事例で実際に患者が自殺したとしても病院に責任は発生しません。

解説　ご質問の患者が精神的疾患を患っており、精神的疾患の内容としてご質問のような行為をとる場合、これはもう一般病院では対応が無理であり、精神科領域の病院への転院を試みるべきです。

この種の患者から看護師がご質問の内容の仕打ちを受けることを、看護師ないし病院が受容する義務は全くありません。患者のこのような行為は強い違法性はないとしても、当該職員にとっては極めて不愉快、不快感を与える行為であり、これらの行為はどのように考えても職員が許容する行為とはなりません。病院側に患者のこのような行為を受け入れる義務がないわけですから、そのために結果的に患者が自殺したとしても、病院側が責任を負うことはありません。無論、自殺の具体的な危険性、切迫した危険性が見て取れる場合は可能な限りその防止に向けて努力することは当然の前提です。

この種の患者のご質問のような行為は看護行為、医療行為とは無縁の問題です。

9 院内での大声

質問9 何かにつけて文句を言い、院内で大声を出す。こちらが説明をして取り敢えず納得される場合はいいが、こちらの説明すら聞き入れてもらえず、大声を出し続ける方への対応はどうすべきなのでしょうか。

A 社会的にも完全な迷惑行為です。警告の上、診療契約解除に踏み切るべきです。

解説 ご質問のような患者の言動が常識的限度を超えて継続される場合は、その継続の蓄積によって診療契約の基礎である信頼関係が破綻に至ったと考えるべきです。

院内で大声を出すことは、相手の職員のみならず入院している他の患者ないし他の来院者にも不快感、不愉快感を及ぼすことになります。したがって患者の言動に対し改めて注意ないし警告をした後、患者がそのような言動を改めない場合は実際に契約解除の通知をし、以後の診療を拒否すべきです。医師法第19条第1項の「正当理由」に該当するとの法解釈を前面に出すべきです。

病院は、様々な事情を背負った多くの患者が診察を求めたり、入院生活を送ったりしています。そのような多くの患者に対してご質問のような患者の言動が受け入れられるはずもなく、かえって多くの患者が恐怖心、あるいは畏怖感を覚えます。このような場合は病院としては多くの患者が安心して診療を受けたり、入院生活を維持するためにも、当該患者に対して毅然とした態度をとることが求められます。

10 患者の迷惑行為への対応

質問10　突然大声を上げる患者や家族に恐怖を感じ、対応が困難になることがあります。このような場合には、どのようなことに注意して対応すればよいのですか。

A 大声をあげる患者のキャラクターを見極めることが重要となります。

解説　まず患者がこのような事態を引き起こした場合、それが単にキャラクターによるものか、あるいは病的な原因によるものかについての、とっさの判断が必要となってきます。

キャラクターによるものであれば、その場では恐怖感がありますが、将来的には診療契約の解除に持ち込むことができるとの冷静な判断の下、その言動を記憶し、詳細に記録しておくべきです。その積み重ねが将来的に診療契約の解除事由になります。もっとも、限度を超えれば警察へ通報すべきです。

一方、患者の言動が精神科領域の病気の発現と判断できれば、将来的には精神科の受診を促す（任意入院）、あるいは医療保護入院の実現を図ることになります。精神科領域の患者、あるいは認知症患者の、この種の行為の対応についての最終目的は、精神科を受診させることに尽きるとの認識もあります（大阪府の例）。

患者が暴力行為に及ぶ場合は、それ自体は違法行為ですから、「現行犯逮捕」をして、警察の処置にゆだねることが賢明な手段となります。ただし当該患者に責任能力が無い場合がありますから、最終的に刑事責任を負うことは極めて稀となります。しかし「現行犯逮捕」をすることによって、当面警察の協力を仰ぐことができます。「現行犯逮捕」もしないで、単に警察に連絡したとしても、ほとんどの場合、警察から有効な協力を得ることはありません。

11 患者の暴力行為

質問11 殴られたときにどこまでの対応をしていいか迷います。意識レベル清明の患者さんには警察対応をしても良いかと思いますが、肝性脳症やせん妄、認知症の患者さんには、物を投げられ爪を立てられ、噛まれたり口に入れた食事を吐きかけられたりしても、どこまで公にして訴えていいのか分かりません。

A　咄嗟の防衛処置については、法的には「正当防衛」の適用の問題となります。

解説　純然たる法律的見地からいえば、たとえ肝性脳症やせん妄、認知症患者であってもご質問のような行為をすることは完全に違法です。この場合、理論的にはこの違法行為に対して防御的に攻撃することは「正当防衛」になります。しかし、実際にこのような「正当防衛」行為に出ることは医療者として許されないという自己規制が働きます。

といって、患者のこれらの行為に対して刑事責任を問うこともできません。彼ら患者には「責任能力」が欠けているからです。法的責任を問うことができなければ、彼ら患者の行為の内容を社会的に共通認識として持つためにも、公にすることも考えられます。彼ら患者の行動を公にすることによって、職員が置かれている立場の社会的理解を求めることには、一定の合理性があると考えられます。しかし実効性のある対策を考えることは今後の困難な課題です。

12 飲酒患者への対応①（暴力行為）

質問 12 診察希望でない様子とアルコール臭がした男性に対して、お帰り頂くよう案内しましたが帰りませんでした。その男性の態度が乱暴になってきたため、背後から抱え院外へ誘導しましたが、男性は、「職員より暴力を受け院外に出された」と警察に通報し、警察より事情聴取と防犯カメラの確認を求められました。この場合、当院に非はありますか。

A **このケースの場合、病院が「現行犯逮捕をした」旨を警察に届けておけば、ほとんど問題はありません。後は警察官が対応してくれます。この種の患者に対しては、病院としては毅然とした態度を積極的に取るべきです。**

解説 これらご質問の趣旨を法律上の規定で言いますと、いわゆる「現行犯逮捕」（刑事訴訟法第213条）の問題として考えられます。現行犯逮捕とは「現行犯人は、何人でも、逮捕状なくしてこれを逮捕することができる。」とされ、現行犯とは「現に罪を行い、又は現に罪を行い終わった者を現行犯人とする。」（同法第212条第1項）とされています。

そして「現行犯人を逮捕したときは、直ちにこれを地方検察庁……司法警察職員に引き渡さなければならない。」（同法第214条）、「司法巡査は、現行犯人を受け取ったときは、速やかにこれを司法警察員に引致しなければならない。」（同法215条第1項）、と規定されています。

ご質問の患者が、例えば暴行罪、脅迫罪、住居侵入罪、不退去罪に該当する現行犯人ととらえれば、一般私人である職員はこれを現行犯逮捕できるわけです。そして、その旨警察に連絡すると警察は引き渡しを受けて、これを司法警察員に引致する手続きをとる必要が発生します。この場面で大切なことは、乱暴になった患者を病院職員が現行犯逮捕した事を、その時点で必ず警察に通報するということです。

ところで、逮捕する際に職員がどの程度の実力行使が可能かという問題について、最高裁判所は「現行犯逮捕しようとする場合において、現行犯人から抵抗を受けたときは、……警察官であると、私人であるとを問わず、その際の状況からみて社会通念上逮捕のために必要かつ相当であると認められる限度内の実力を行使することが許され、たとえその実力の行使が、刑罰法令に触れることがあるとしても、刑法35条（正当業務行為）により罰せられない」（最高裁判所昭和50年4月3日判決）、と判断しています。

上記の法的内容から言えば、ご質問の患者に対し職員が取った行為は、現行犯逮捕ということで、直ちに警察に「現行犯逮捕した」ことを伝えて、その引渡しを求めることになります。患者側が、「職員より暴力を受けた」との発言があったとしても、その程度によっては上記最高裁判所の判例の考え方が適用されることになり、職員が処罰を受けることはありません。

13 飲酒患者への対応②（リピーター）

質問 13　救急外来をしているとき、飲酒しての暴言に遭遇したことがあります。このような場合、病院として毅然とした態度をとるべきとは分かりますが、実際の場面で責任者として、どのタイミングで通報すればよいのか迷います。また、このような患者がリピーターとしてきたとき、どう対処すればよいのか困っています。

A　**飲酒している患者が、診療に非協力的なときは、病院は診療に応じる必要はありません。同じ患者がリピーターとしてきた場合は、もちろん診療拒否ができますが、その前にあらかじめ病院として警告文を送っておくべきです。**

解説　患者の暴言が飲酒に起因していることが判明すれば、その時点で一時的にせよ「問題患者」と認定をした上で対応すべきです。ただし飲酒は醒めれば通常の常識的感覚に戻ることが多いわけですから、飲酒自体の対応の方法を考えるべきです。

しかしながら患者が飲酒であろうと何であろうと、暴言暴力を振るうことは全く正当な理由にはなりません。従って仮に診察する際に、飲酒自体が診察を妨げる理由になっていることが明らかな場合は、診察自体を拒否すべきです。これは明らかに患者側の理由に基づきます。

リピーターが来た場合は、より一層拒否する理由が明確となります。もしくは、それでも不安な場合はあらかじめ病院の方から、リピーターに警告を出すかどうかについて、検討しておく必要があります。リピーターの可能性が高ければ事前に病院は警告文を出すべきです。これら一連の病院側の動きについては、応召義務違反にはならないと言えます。

14　暴言患者の強制退院措置

質問14　看護師らに暴言を吐く入院患者を強制退院させられますか。

A　暴言の内容と程度によっては、強制退院すなわち診療契約の解除が可能となります。

解説　患者の病状に留意する必要はありますが、基本的には可能ですし入院申込書等にその旨を明記し、同意のサインがあれば、なおよいでしょう。しかし、強制退院させたら死亡した等、様々なケースが生まれることが考えられることから、病院職員だけでの実務的な対応は非常に難しいところもあります。そのような患者が増えて残念な時代ですが、手段としては弁護士を利用した“手”を打つべきです。

強制退院すなわち診療契約の解除をするには、「正当な事由」の存在が必要です（医師法第19条第1項）。「正当な事由」を医療側が立証するためには、もちろん患者の暴言の内容が例えば録音テープに録音されていればもっとも証拠として有力ですが、録音されていない場合は患者の暴言内容を直接に聴き取った後に被害者は、自身の経験事実として患者の暴言の内容を克明に記録に残しておくことが必要です。しかもその記録内容は、患者の病状を著した記載ではないので被害を受けた記載者の主観的判断を交えて記載しても問題はありません。医療者にとっては、患者側からのこのような攻撃に対して立ち向かうためには、医療記録に記載することが最大の武器になります。

医療記録に記載されればその記載内容が真実性を持って立証されることになります。患者の暴力・暴言に対してたちどころに反撃ができない立場の医療者はこの武器を最大限に利用すべきです。

その効果は今のところ100パーセントあったのではないかと思われます。「やられたらやりかえす」というような決意が無ければ、病院職員の保護や他の患者の安静治療は守れません。

15 クレーム電話の対応

質問15 電話での脅し（一旦電話を切ろうとしても、次々エスカレートし、興奮が強く電話を切ってもらえない。）の場合、どう対応すればよいでしょうか。

A 電話による会話は、途中で打ち切っても少なくとも法的には何ら問題はありません。電話での発言内容がエスカレートし犯罪に近いと考えた段階で相手に無断で録音することも考えるべきです。通話相手に無断で録音することも法的には問題ありません。第三者の会話を録音するわけではありません。

解説 電話は基本的には会話の単なる手段ですが、電話をかける時期、あるいは電話での会話に要する時間については、電話の主が一方的に決めてきます。したがって、病院のサービス面での対応の必要性を別にすれば、直接の面談であろうと、電話の方法であろうと、その言葉自体が最終的に犯罪傾向を帯びるとすれば、あるいは病院にとって無益な内容であれば、会話を一方的に打ち切っても構わないし、そもそも電話の主が特定されていれば電話に出ないことも十分にあり得ます。

ご質問のようなケースで、電話の主の口調の内容がエスカレートし、興奮が増強すると判断できた場合は、その電話の主の電話に応対する義務は発生しません。電話の内容の当否よりも、会話の仕方そのものに不愉快感があれば、その会話を一方的に打ち切っても問題はありません。再度かけなおしてきたとしても行動は同様です。念のために、「通話を録音している」ということを相手に伝えた場合は極めて効果があります。

16　電話による苦情対応

質問16　苦情対応をしていたら、時々「あんたじゃ話にならん、上の者を呼べ。」と言われる方がいます。この間は受付窓口で訴えられたため、医事の長が出て行きましたが、同じように上の者を要求されたため、管理課長が対応したようです。このように相手の要求通りに上司をすぐに呼んだ方がいいのでしょうか。要求通りに上司を呼ぶことは、かえって問題を大きくしたりはしないでしょうか。

ちなみに各部署で苦情対応しているのは病棟であれば看護師長、外来であれば医事課の長、または医療安全管理係長が行っています。

A　**患者からの苦情に問題のない対応をしている限り、苦情者の全ての要求には応じる必要はありません。事案の解決に適した口調で対応すべきです。**

解説　この種の問題に対応する部署があらかじめ決まっている場合は、電話あるいは苦情の応対は機を見てその部署に委ねるべきです。当該部署はこの種の患者に対しては、統一的な対応を取る必要があることから、対応を委ねることになります。

なお、電話で「上司を呼べ」との申し出があったとしても、それに応じる義務は全くありません。そのために電話の主が激高したとしても気にする必要はありません。受話器を耳から離して、患者の電話による激高ぶりを録音しておけば充分です。直接面談の時は頑なに沈黙を守るべきです。それによって患者がさらに激高すれば、これも機を見て警察を呼ぶようにすべきです。

なお、念のために付言すれば、この種の患者の苦情内容は全てが不当と言えない場面があります。患者の苦情内容は一応内部で真剣に吟味し、その当、不当を判断して不当との判断をした上で上記の対応に及ぶべきです。

第2章

業務妨害・業務強要

1 苦情電話の長時間対応

質問1 受診時間までの待ち時間が長いとか、接客の態度が悪い等の患者からの苦情の電話を受けた場合で、対話時間が長くかかるため区切りをつけたい場合、こちらから電話を切ってしまうのは問題がありますか。どのように対処すれば良いのでしょうか。

A 電話での説明が、通常の対応以上に時間がかかりそうな場合に、こちらから電話を切ることには何の問題もありません。

解説 「待ち時間が長いとか、接客の態度が悪い等」の電話内容が、要するに正当なクレームであったときは、それについての病院の考え方をある程度示す必要があります。しかしそれを超えて、不当なクレームになりかねないときは、電話を打ち切っても全く問題にはなりません。

特に不当なクレーム内容で、その応対に時間がとられ、そのため業務遂行に支障をきたすときは、明白にその趣旨を告げて電話を切っても何ら問題はありません。電話は会話の手段であって、会話の中身によっては、その必要性を判断したうえで中断することに何ら問題はないことになります。病院が不要と思える会話を電話で続ける義務はありません。

なお電話のご相談でよくあるのは、「電話魔」といえる人物が電話をしてきたときに、電話対応をしている担当者に向かって「名を名乗れ」といった口調で厳しく言ってきたときの対応です。

「電話魔」からこのような命令を受けたとしても電話対応者はそのような命令に応じる義務は全くありません。「電話魔」がかけている先が病院であれば、病院そのものが対応していることがわかればいいのであり、電話対応者の個人の名前を特定する必要はありません。「電話魔」からのこの種の嫌がらせに対しては毅然とした対応をして下さい。また「電話魔」からの電話内容を録音テープにとっておく事は、その後の対応に極めて有用です。

2 看護師へのいやがらせ

質問 2 ナースコールがあり、担当看護師が訪室しても、それを無視して何度も同じナースコールの行為を繰り返す患者がいます。どのように対応するべきでしょうか。

A **患者にナースコールの意義を説き、その説得に応じなければコールの対応に応じないことを伝えるべきです。**

解説 患者がナースコールをする理由は、実に様々なものがあります。もちろん医療的、看護的に必要なナースコールもありますし、ご質問のような単なる「嫌がらせ」のような内容のものも時々あります。

看護師が判断に困るのは、本来必要なナースコールかどうかの判断です。

この判断は、真にナースコールが必要な事態が発生したときに、ナースコールを受けた看護師がその判断を誤り、適切な対応をしなかったために患者の健康状態に何らかの不利益事実が発生したときに問題が生じることから言えば、極めて慎重にすべきです。

患者からのナースコールが、本当にその必要性からコールされているかどうかの判断は、ある程度患者のナースコールの頻度、時間帯、用件等を集積して検討する必要があります。

ご質問のような態様のナースコールは明らかに「嫌がらせ」であり、これに対応する看護師にとっては他の業務の差し障りになることもあります。ナースコールに応じて訪室しても、ナースコールに適した要件がなければ患者にその旨をしつこいほど説明し、それらナースコールをやめるよう説得すべきです。

しかしそれにもかかわらず、同じ患者からの「嫌がらせ」的ナースコールがあれば、これに応じることはないのですが、その判断にはやはり最終的には困難が伴います。特定の患者からのナースコールについては、その性質をよく吟味してその結果得られた一定の評価は、看護師全員の共通認識とすべきです。

3 警察への通報判断

質問3　患者が大声でクレームを言っている場合は、威力業務妨害で警察へ通報していいのでしょうか。警察はなかなか取り合ってくれないように思います。

A　患者の大声で職員が恐怖感、畏怖感を感じたとすれば警察を呼ぶべきです。

解説　ご質問のような事情は他の医療機関でもしばしば経験され、苦い思いをされています。大声でクレームを言っているだけの場合、警察官もなかなか威力業務妨害罪で実効性のある行動をとってくれないことはあり得ることです。

しかし警察官の本来の役割は、例えば警察法、警察官職務執行法によって明確に決められています。警察官職務執行法第5条によると「警察官は、犯罪がまさに行われようとするのを認めたときは、その予防のため関係者に必要な警告を発し、又、もしその行為により人の生命若しくは身体に危険が及び、又は財産に重大な損害を受ける虞があって、急を要する場合においてはその行為を制止することができる。」と定められています。

したがって、ご質問のような事態が発生したときに、情報に応じて警察官が現場に到着したとして、「患者が大声でクレームを言う」ことが「犯罪がまさに行われようとする」という法律の要件に該当するかどうかということが問題となります。しかしながら警察に通報する側は、そのような法律論を堅く判断する必要はありません。

患者の大声の内容によって職員その他の人が、それによって恐怖感を生じたり、畏怖感を感じたとすれば警察に通報し、到来した警察官の判断によって犯罪に該当するかどうかの判断を求めればよいということになります。

警察官が到着して、患者の行為が何ら犯罪に該当しないと判断し、積極的に行動しないとしても、警察官の到着を目の当たりにすれば、さすがにこの種の患者でも、その言動にブレーキをかけることがしばしば経験されています。

なお、明らかに警察官職務執行法第5条の事情が発生しているにもかかわらず、到着した警察官が何の行動もしない場合は、そのこと自体の苦情を公安委員会に申し出ることもできます。

4 看護師への謝罪要求

質問 4　患者から過度な謝罪を求められた場合、どこまで対応すればよいのでしょか。事象に対して通常の謝罪をしましたが、患者の意に沿わなかったため、土下座しろと言われた看護師がいました。看護師は、「土下座はできない、適切に謝罪したと患者に伝えた。」最終的に、医長と看護師長が面接し、事象に対して謝罪はするが、土下座しろというのは行き過ぎで暴言に当たるので言わないように注意しました。このような対応で患者は落ち着いてきましたが、これでよかったのでしょうか。

A　謝罪の方法として「土下座」は限度を超えた謝罪方法であり、このような謝罪方法は採るべきではありません。

解説　一般的な社会生活において、何らかの落ち度があって、相手方に不愉快以上の気分を起こさせた場合は、「謝罪」をします。それによって社会生活のバランスが保たれていると言えます。しかし謝罪の方法、程度が問題です。もちろんそれについてはあらかじめ定まった規則はありませんが、発生した被害に対応してある程度謝罪の方法、程度は定まってくるというべきです。

本件の場合、何らかの謝罪を求められる事由が発生したとして、おそらく口頭による謝罪にふさわしい落ち度だとしますと、当事者は口頭による謝罪をしているわけですから、通常の場合、それでバランスがとれているというべきです。

謝罪の方法としての「土下座」は「土下座」をする当事者にとっては、極めて大きな心理的負担となります。したがって「土下座」にふさわしい落ち度があったことの確認が必要となってきます。この基準も通常人の感覚でしか設定することはできませんが、「土下座」自体は、余程の被害が発生した場合と考えられますが、一般的にはこのような方法は少なくとも現在では採られている方法ではありません。

患者側が職員に対し「土下座」を求めたとしても、職員側にこれに応じる事由はないと判断すれば、少なくとも「土下座」要求に応じる義務は無いわけですから、土下座をする必要はないというべきです。

ところで「土下座」はその心理的作用からいって「土下座」を受ける方から見れば極めて勝利感を満たしてくれる謝罪方法となります。そこで例えば看護師が患者に対して何らかのミスをした場合に、その患者の怒りを抑えるために、患者が「土下座」を求めていないにもかかわらず、「土下座」をして患者の怒りを抑えようとしたことがありました。そのケースは、実際に看護師さんが「土下座」をしたのですが、かえって患者がそれを制止したという事実がありました。

当該看護師は「土下座」を強いられていたとの理解でその他の事情もあったのですが、当該患者に対し慰謝料請求訴訟をした例があります。しかし判決は患者が「土下座」を求めていないのだから、その行為は患者に強要されたものではないということで慰謝料請求が棄却されています。「土下座」による謝罪は、ある程度以上の効果を期待できますが、よほどその要件を吟味すべきです。ご質問の職員の対応は、これで全く問題はないというべきです。

5　治療内容などのクレーム対応

質問 5　クレーム対応中の患者が入院しており、医師の回診時や看護師の訪室時に同じ内容を繰り返し訴え、かつ長時間に及びます。患者の言動を途中で中断するとまたクレームに発展する可能性が高いのではないか、関わりたくない等の心理状況もあり、なかなか口が挟めずに苦慮することがあります。患者は、今までの治療は正しかったのか、検査が遅れたため再発した、検査データの判断が間違っていたので薬の量が違った等、医師・看護師への対応に対する不満などを訴えます。また、今までの対応について次々と問題を探し、現場の医療者を困惑させる患者についての対応はどうすればよいのでしょうか。

A　**患者の訴えの性質が、意味のない訴えであると判断できた場合は、その訴えに耳を貸す必要はありません。話を中断して本来の業務に携わるべきです。**

解説　この患者のクレームの内容の中心は医療の問題に関わることであり、その執拗さを別にすれば、個々の点では質問に値する内容とします。

しかし、医療者が何度説明しても患者がそれを受け入れる姿勢を示さない場合は、患者側が説明を受けること自体を拒否している訳ですから、再度の説明を試みる必要はありません。医療に関することで同じ内容を執拗に質問してくる患者に対しては、回答内容を書面にして渡しておくべきです。以降、この問題についての回答は書面通りですと紋切り型に応えることになります。しかし、そもそも患者のそのような質問の仕方、あるいはクレーム内容が限度を超えている場合、あるいは病院職員がそのクレームに対応できる回答が著しく困難、あるいは不能の場合は、その判断時点で医療契約の基礎である信頼関係が破綻、あるいは破綻に近いと判断するべきです。したがって、当該患者が文字を読めるとすれば、診療契約解除の予告あるいは通知を実際に提出すべきです。信頼関係が破綻しているか否かの判断の基準は、あくまでも病院職員の立場から判断すべきです。医療行為という極めて専門的な作業をする場合は、信頼関係の破綻が、場合によっては致命的な事故を招くことがしばしば経験されています。

したがって、病院職員が当該患者の診療あるいはケアについて、少なくとも多少以上の不安感、危惧感を抱く場合はむしろそのことを患者に伝えて、当該病院では診療契約を継続すること自体が患者の不利益につながることを明確にすべきです。仮にそのことで将来何らかの形で訴訟になったとしても、その対応に全く問題はありません。第三者である裁判所の判断で契約解除の「正当事由」の存否の判断がなされるからです。裁判所が「正当事由」の判断例を一つでも多く示してくれることが、将来のこの種の患者への対策を取る参考となります。

しかし、以上のような経緯を経ていたとしても患者が全く良い方向に傾かない限りは、問題患者ということで診療契約の解除に踏み切るべきです。ただし病院の性質上、他の病院で当該患者の治療を実施することが困難である、といった事情があれば最終的な判断に迷うこともありますが、そのこと自体が患者のモンスター化を正当化する理由にはなりません。むしろ診療契約を解除されることによって受ける不利益は、すべて患者が負うということが、診療契約の解除の要諦ということなのです。慎重な対応が必要ですが、結論は変更する必要はありません。

6 長時間のクレームによる業務妨害

質問
6
暴言・暴力ではありませんが、とにかく訴えが長く業務に支障を来す場合の対応を教えてください。スタッフは、患者の訴えや苦情は聞かなければならないと思い、電話での話を中断できません。そのような場合、若いスタッフでも統一した対応ができるようにしたいです。

A
訴えの性質が職員にとって意味のないものであると判断した段階で、「時間がありませんので」等の理由を言って電話を切るべきです。業務に支障を来します。

解説
例えば、電話でこの種の訴えが延々と続く場合で、その内容に明らかに無理がある場合は、電話を切っても何ら問題は発生しません。患者側からのこの種の電話の内容は、暴言でない限り仮に録音していたとしても、その発言内容自体が犯罪に該当するとは必ずしも言えません。

しかし本来電話は、当事者間で当事者が必要と思える内容についての会話の手段であって、一方の当事者がその会話の必要性を認めないときは、その電話を切っても何ら不都合はないというわけです。不都合があるとすれば電話を切られた側が自分の要件が実現できなかったことに対する不満が発生するだけです。

しかし不満の内容自体が社会的に受け入れられなければ、電話を受けた側は、その不満の解消に協力する義務もありません。むしろ必要な電話ではないと思っている電話の受け手が電話に応じて会話すること自体によって、受け手の時間を犠牲にしていることになり、それが業務中であればその業務の妨害になることは間違いありません。むしろ自分の業務の遂行のためにも不必要な電話は切っても問題はないと言えるのです。

電話を切ったことでさらに相手が問題を提起してくれば、そのこと自体がいわゆる問題行動に該当し、その内容によっては患者自らが墓穴を掘ることになります。電話ないし面談であろうと、患者側の理不尽な言動に対しては、病院はこれを甘受する理由はいささかもないということを銘記すべきです。

7 長時間の居座りと謝罪の強要

質問 7

腹痛で来た患者が「違う薬を入れられた、説明がなかった」と点滴を抜針し、罵声を言い帰宅しません。特定の薬の注射を希望したのですが、当院には備えていないので、同じような作用の薬を入れると説明しました。妻は聞いていましたが、本人は聞こえていなかったのか、「説明もない薬を入れられた。どない責任をとるんや。謝れ」と言い続けます。副作用の説明が不足していたことは謝りました。「2人の医者の言うことが違う、謝りもしない」と罵声が続きます。謝ると「謝り方の角度が違う、土下座して謝れ」と言い続けます。

これ以上の治療はできないので、精神科にかかっていただくか警察を呼ぶと言うと「呼んだらええ」と居座ります。警察を呼んだものの、暴力をふるっていないので強制退去はできない、と警察は院外で待機していました。警察到着後１時間しても、家族の説得にも応じず「土下座して謝れ。謝るまで帰らない」と３時間居座りました。警察に介入を求めると、医師が並んで謝ったら帰ると患者が説得に応じたと促され、医師が謝りました。住所を聞かれたり、待ち伏せするぞと脅されたりもしました。

A

このような、治療に完全非協力的な患者には、そもそも医療側に治療義務は発生しないと考えるべきです。治療をしないのはもちろんのこととして、後で法的に吟味して告訴に持ち込むべきです。極端に言えばこのような患者は、本来の患者の立場にありません。

解説

ご質問の患者の言動には、些かも同情する余地はありません。彼は刑法上の罪を犯しています。患者の「土下座して謝れ」との職員に対する要求は、職員にそもそも義務のないことを強要するのですから、強要罪（生命、身体、自由、名誉もしくは財産に対し害を加える旨を告知して脅迫し又は暴行を用いて人に義務のないことを行わせ、又は権利の行使を妨害したものは、3年以下の懲役に処する。）（刑法第223条）に該当する可能性があります。

また、退去を命じられたにもかかわらず3時間も居座ることは「不退去罪」（正当な理由がないのに、人の住居もしくは人の看守する邸宅、建造物若しくは艦船に侵入し、または要求を受けたにもかかわらずこれらの場所から退去しなかった者は、3年以下の懲役または10万円以下の罰金に処する。）（刑法第130条）に該当する可能性があります。

警察官はこれら犯罪のことを知らなかったのでしょうか。「警察に介入を求めると、医師が並んで謝ったら帰ると説得に応じたと、警察に促され、医師は謝った。」とされています。信じられない警察官の対応です。

警察官のこのような行動に対しては、警察法第79条に基づいて、都道府県の公安委員会に対して文書による苦情の申し出をすることができます。この制度における苦情の中には「警察職員の不適切な執務の対応に対する不平不満」が含まれています。この苦情の申し出は、元警察官出身の大学教授の説明によると、極めて効果が期待できるとのことです。

8 看護師への過剰な要求

質問 8 看護師に過剰要求してくる患者について質問です。看護師の経験年数を聞いて、若年層の看護師を自分の受け持ちにつけないでほしいとか、日々のケアに細かい指示を出し、食事のセッティング（副食のすりつぶしを依頼してきたり、食器の位置をミリ単位で指示してきたりなど）に40分程度、おむつの交換（おむつを当てる位置やサイドのマジックテープの調整などを何度も看護師にやり直しをさせる）に20～30分程度かかるなど、その間看護師が拘束されることがありました。また急変などで指定された時間通りに行けないときにも、自分の病状も悪いのに他の患者を優先するなんてと文句を言うなど、看護スタッフが疲弊することが続きました。家族が毎日面会に来て献身的に介護はしていましたが、時に患者と一緒になって要求してくることもありました。日々、主治医や師長から、要求に応えられないことは説明していましたが、認知力の低下もあり同様の過剰要求が続きました。転院が決まった時点で、次回入院になった時のための誓約書（過剰要求には答えられないこと、受け持ちの看護師は選べないことなどを書いたもの）を家族に説明し、サインをしてもらったものの、そこに行き着くまでにかなりの時間を要しました。

・暴言や暴力ではなく、このような過剰な要求に対してどのように対策をとることができますか。

・次回の入院に備えることはできましたが、入院中に何らかの対応ができるとすればどの時点で介入ができますか。
またどのような手順で介入していけばよいですか。

A 過剰要求もほとんどその理由がない場合は、違法要求になるとの認識のもとに対応すべきです。すなわちその要求に応じる義務はありません。そのことによる不利益は、残念ながら患者自身が担うべきものです。

解説　ご質問のような患者からの過剰な要求の連続は、価値的に見れば暴言や暴力と何ら異なりません。したがって病院としては、このような患者の言動に対しては、できるだけ早く診療契約の解除にもっていくべきです。少なくとも早期の段階で警告文書を送って、病院の姿勢を明確に示しておくべきです。患者のこのような執拗な要求に対して完璧に応じることは、現在の医療制度をどのように操作しても無理であることは明らかです。現在の医療制度になんらの理解を示さない患者に対する医療サービスの提供には、限度があることを医療者自身が自覚すべきですし、その旨を患者に伝え理解を求めるべきです。しかし理解を求めるにも限度があります。

次回の入院に対して警告文書を送付することは当然として、入院中に対応するためには患者の上記のような過剰な要求を記録するなど客観化して保存しておき、職員が耐えられないと判断されたときには、直ちに契約解除の手続きに持っていくべきです。

ただし、ご質問のような過剰な要求をしてくる患者が、仮に認知症等の病気の現われとしてこのような行動をしてくる場合は、多少事情が異なります。食事のセッティングやオムツの交換等についての患者の要求態度は、そこに病的な現われは読み取れないでしょうか。仮にそうであるとすれば上記のような強行手段（診療契約の解除）は、多少のブレーキがかかると思います。仮に何らかの病的状態であることが判明すれば、その患者を治療に持っていくべきであり、その治療を経ないとこの種の患者は、いくら職員が不快感を示し、注意を与えたとしても改善する見込みは薄いと思われます。しかしこの治療効果も大いに疑問であり、この種の患者に対しては完全な看護方法を考案することは無理だと言えます。

看護職員はこの種の患者への対応を個々の具体的事例に応じて積み重ね、その中から最適に近いような対応策を考えて、職員全体の共通理解とすべきです。しかしこのような患者が実際に存在することは間違いない事実であり、多くの医療機関がその対応に困っていることも現実です。認知症であれば認知症治療の限界と言えるかもしれません。

9 電話診断での業務妨害

質問 9 電話で病状等の相談を受けている場合や診察中に、患者が急に感情的になってきたような場合には、どのように対処すべきでしょうか。同じ話を何度も繰り返したりして、話が長くなるケースがありますが、どのように対応をすべきでしょうか。悪意の有無が不明でも業務妨害罪を主張することが可能なのでしょうか。

A **理由のない感情破裂には対応できません。簡潔に理由を言って、電話を切るべきです。診察も打ち切るべきです。続けると不測の事態が発生しかねません。**

解説 ご質問のような状況で相手方が急に感情的になってきた場合は、一旦はその理由を検討すべきです。全く理由がないのに感情的になって大きな声を出したり、怒鳴りつけたりした場合は電話や診療を打ち切るべきです。患者のそのような態度は、信頼関係を前提とする医療行為においては到底許容されない態度だからです。同じ話を何度も繰り返しいたずらに時間だけが消費される場合は、悪意があろうとなかろうと故意に基づく行為ですから、法律上は刑法の「業務妨害罪」が成立することも十分考えられます。業務妨害とは、妨害結果の発生を要求せず､妨害するに足りる行為が行われれば足りるとされます。

刑法第233条に「虚偽の風説を流布し、または偽計を用いて、人の信用を毀損し、またはその業務を妨害したものは、3年以下の懲役または50万円以下の罰金に処する。」とあります。

10　患者家族からのクレーム対応

質問10　重心（重症心身障害者（児））病棟に入院中の患者の母親の対応に困っています。2～3日に1回、洗濯などに面会に来て、担当看護師の看護ケア行為に毎回のように不満を言って帰ります。対象の看護師は限定されており、「あの看護師の仕事が心配、新人ばかりで大丈夫やろか、モニターのアラームが鳴ってもあの看護師はすぐに来ない」など他の看護師と同じように対応していても不満やクレームに近い言動が頻繁に見られます。病状によって行事参加など決めているが、その看護師が説明すると突然大きな声で怒り出し、「もう参加しない。帰る。」などと言われたこともあります。このような母親にはどのように対応すべきでしょうか。

A　**不満の対象が特定の看護師であれば、その原因を検討し、原因によっては是正することも検討すべきですが、そうでない場合は信頼関係が維持できないことも伝えるべきです。**

解説　ご質問の患者家族（母親）がクレームを向ける対象が、特定看護師に限定されているとします。

この場合、特定看護師との間に個別の問題がないか、あるいは当該看護師自身に何らかの落ち度がないかを一応検討してみる必要があります。検討の結果、特定の看護師に何ら落ち度がない場合は、母親のクレームは非常識なクレームとなります。そのクレーム自体が特定の看護師ないし全体の看護師の看護業務に支障をきたす場合は、その程度によりますが、所謂「問題家族」としての位置づけをします。

その場合、病院の事務系の立場からその母親に対して相当厳しい忠告を与えるべきです。そしてその母親が、厳しい忠告にもかかわらず、何ら態度を改善しない場合は、患者である子どもに責任がないとはいえ、母親の言動が病院との信頼関係の破綻を招いているのですから、診療契約の解除があり得ることを毅然として伝えるべきです。

そして、子どもと母親との特別な関係があるので、ただちに診療契約の解除という問題は困難ですが、母親の言動によって診療行為、看護行為そのものがスムーズにいかない場合は、そのこと自体が診療契約の解除の理由になるし、当然転院を勧めるべきです。

もっとも、このようなことでその母親の態度が改善するということは通常考えられません。そのような場合は、弁護士名で看護行為の妨害禁止及び契約の解除の趣旨を記した書面を交付するということも一つの方法です。

11 栄養管理などの部署に対するクレーム対応

質問 11

栄養担当部署から、次のような患者のクレームがありました。どのように対応すればよいでしょうか。

- 食事の中に異物（紙片、つり針、石、髪の毛　他）が混入している。
- 栄養指導予約をしているが、待っていても呼ばれない。予約通りにしてくれ！
- 食事変更すると栄養士と約束したのに、入力オーダーミスで、希望のものが届かなかった。
- 栄養指導後に指導料が必要なことを知った際、不満げであった。
- 家族はご飯食希望だが、患者本人はパン食を希望等、家族の意見が一致しないうえどちらも譲らず、困った。
- 食事への要望が強く、入退院を繰り返している患者の対応について、理屈はしっかりしているが、現実的には対応に苦慮する。

A

患者からのクレーム内容によっては、病院側が対応できないことを明白に伝えるべきです。

解説

ご質問のようなクレームを持ちかけてくる患者が特定の患者であれば、そのクレーム内容の特徴を見い出すことができ、そのクレームの程度、対応をある程度見極めて対策を練ることができるかもしれません。しかしこの種のクレームを多数の患者が持ちかけてくる場合は、栄養担当部署の職員としてはその対応に途方に暮れると思います。

しかもこの種のクレームの内容が仮に合理的理由があったとしても、その改善を実行することに様々な困難が伴う場合に、その改善ができないか、あるいは不十分になった場合は、その患者はさらにクレームを言うことも考えられます。

職員の方の気苦労は察するに余りあります。しかし通常の業務によってクレームの内容が改善できないか、あるいは不十分であった場合は、それ以上の改善はできないということを理由に、患者側からの要求を拒否すべきです。それが原因でさらにクレームの内容量が増大し、職員がその対応について限界を感じているとすれば、いわゆる「問題患者」の該当性判断をすることになります。不当なクレームの内容の記録を蓄積して、いわゆる診療契約の解除に移行することを検討すべきです。職員にとっては耐え難い患者からのクレームであったとしても、最終的にはそのことが原因でその患者との診療契約が解除できることに慰めを見いだすことになります。立場が逆転すると考えるべきです。

12 長期間入院している患者への対応

質問12 当院は病院で、療養施設ではありません。夫婦で3年近く入院している患者がいます。息子に退院を促していますが、「退院せん。」の一点張りです。その理由が、①国の医療制度が間違っているのに従えないこと、②病院に移されなかったら寝たきりにならなかった。それ故、病院は責任を取って最後まで看る義務があること、などを大きな声でわめきます。病院が責任を取る必要はないと思うのですが、どうなのでしょうか。行政にも入ってもらいましたが、結局問題はお金のようです。

A **この事例では医療契約を締結している意味がありませんから、即刻解除の手続きに入るべきです。**

解説 患者が病院に入院しているということは、病院と患者との間で入院契約を結んでいることになります。入院契約というのは、医療契約の一つの形ですが、患者の治療をする上においては、入院して治療することが必要だということを医学的、医療的立場から医師の専門的判断の下に患者と締結されるものです。

したがって医師が当該患者の治療をする上においては、入院しておく必要はなく、外来治療でも十分に治療ができると判断した場合は、そのこと自体が医学的に合理性を持つ限り、入院契約自体は医師ないし病院の判断で解除できます。

ご質問者の病院は、療養施設ではなく急性期にしろ慢性期にしろ、患者の治療をする病院です。そこで患者は、夫婦で3年近くも入院しています。医療上の理由からその入院の必要がなくなったと判断される場合は、病院側が入院契約の解除を伝えることになります。

これに対して患者側は、その入院契約の解除を拒否しています。この場合病院側、患者側いずれの主張が正しいのかを判断する基準は、入院契約の解除の事由の有無とその合理性です。入院している患者の治療のうえで、入院をして治療するまでの必要はないと判断された場合は、そもそも入院契約を締結する根本が喪失しているわけですから、入院契約の解除は有効となります。

これに対する患者側の主張としては質問①②いずれの内容を見ても、そこに合理性を認めることはできません。したがって質問の内容としての患者側の主張を見る限り、患者側は病院の入院契約の解除に応じざるを得ないことになります。

患者側の入院契約の解除に応じない理由の一つとして「お金」の問題、すなわち損害賠償請求ということを患者側が考えているとします。その場合、例えば病院側に医療ミスがあり、そのことを原因として損害賠償請求をするということであっても、そのこと自体が入院契約の解除を妨げる正当な理由とはなりません。少なくとも損害賠償請求の問題と、入院治療の必要性との問題は全く別次元の問題です。

病院はこの姿勢をきちんと伝えて、患者に入院契約の解除すなわち病室の明け渡しを求めるべきです。患者側が病院側の解除の申出に応じない場合は、最終的には訴訟の上で解決を求めることになります。

13 議員を伴ってのクレーム対応

質問13 議員を連れてクレームを言いに来る患者の窓口対応は、どうすればよいでしょうか。

A **議員の同行があったからといって、必ずしも問題の解決にならないことは多く経験されています。**

解説 問題は、クレームの質によります。クレームが、議員を背景にしなければ成り立ち得ないような内容であれば、その当否の判断をして、対応すべきです。すなわち、非常識なクレームであれば、たとえ議員が背景にいたとしても、それを受け入れる必要はありません。

しかし、議員を背景としなければ本当にその患者の最低限の権利も保護されないとすれば、その内容は十分に吟味されるべきです。最近は議員も、そのような利用のされ方を自分にとって不利益と判断する場合が多く、私共もほとんど経験することがありません。

14 治療とは関係のないクレームの対応

質問 14 診察中に、今まで受診した病院での対応、役所での対応等、治療とは関係の無いクレームを訴えられ、診察が終了できない患者がいます。事務職員が別途対応していますが状況は変わりません。他の患者の待ち時間が増え、対応に苦慮しています。警備員等を使って出てもらうことも検討しましたが、患者に不快なく納得いただき、必要な診察ができるようにする方法はありますか。

A 医療側が極めて不快に感じているのですから、患者のみに不快な思いをさせないで解決する方法はありません。

解説 本件患者が、治療とは関係のない不当なクレームを継続して主張し、他の診療の妨害をしているという自覚がない以上、いくら説得しても納得はしないと考えられます。患者のこのクレーム内容が不当なものであり、その持続のために他の患者の診療の妨げになっている場合は、躊躇することなく診療契約解除の問題に持ち込むべきです。

ただし、この種の患者は私どもの経験によると、基本的には社会的に孤立した立場にいる人が多いと思われ、彼らは自分の経歴、履歴を必要以上に吹聴することに、自分の存在基盤を置いていると思われる例が散見されます。もちろん患者がそのような言動をとること自体は、それが患者個人の枠内に止まっている限り他者が関与することではありませんが、その言動が診察中あるいは病院内で行われた場合は、病院業務の円滑な遂行をする上で、多くの場合妨げになります。

この場合は、医師あるいは病院としては、病院の円滑な業務を遂行する上で、当該患者の質問のような言動をやめてもらうように、強力に説得すべきです。質問者の病院でも様々な説得を試みられていますが、最終的には患者の納得は得られていないようです。しかしこの種の患者が持ち合わせている個性を強調するならば、そもそもこの種の説得は無理といえます。患者の個性の表れとしての言動が、病院業務の円滑な遂行に妨げとなる場合は、病院としては上記のように診療契約解除の問題に持ち込み、これ以上病院が犠牲を受けることは避けるべきです。

ただし、いずれにしても患者のこの種の言動が、社会的に孤立した立場あるいは病的な立場によっている場合は、患者に不快感なく納得させる術はないと言えます。

第3章

転倒・転落

1　患者の転倒

質問1　患者さんが自分で勝手に転んだ場合でも、看護師の責任が問われるのですか。

A　**「勝手に」の意味にもよりますが、そもそも、転倒はその瞬間には物理的に防止できないと認識すべきです。大まかにいえば看護師に責任はありません。**

解説　患者が自分で勝手に転んだときに、まさにその近くに看護師が居たとしても、全く不意の転倒であれば、転倒の完成時間（要するに足底以外の体表部分が床面等に付着すること）の瞬間性から見て、その転倒自体を防止する方法を取ることはほとんど不可能です。したがって、この場合は看護師の責任が問われることはないというべきです。ただ、患者が転んだ態様が、従前の当該患者の行動からある程度予測できる場合は、可能であればその防止方法を取るべきです。しかし転倒は一瞬にして発生し、一瞬にして完成するものですから、その間に他者が介入することはほとんど不可能ということになります。

患者自身に転倒防止の訓練をするか、注意深い行動を促すしか防止の方法はありません。

2 認知症患者のベッドからの転落

質問 2 認知症の患者が指示を守らず、一人でベッドから降りようとして転落したときに看護師の責任はありますか。

A **転倒の態様を細かに分析する必要があります。**

解説 非認知症の患者がベッドから転落した場合に、医療者（看護師）にその責任を追及するためには、その患者の過去歴、すなわち過去に転落したことがあるかないか、あるいは転落の危険度がどの程度であったのか、患者のコンプライアンスはどの程度であったのか、という判断材料を考慮して、転落防止の可能性について検討し、その検討内容によって実際に転落防止が実現できるかどうかという判断を要することになります。

しかもその場合はあくまでも、具体的な臨床の場でその当時の事情を総合的に考慮した上で、防止できるかどうかということを判断することになります。

患者が認知症を患っている場合には、例えば看護師の注意、指導を守ること自体に困難をきたす場合、あるいは注意、指導内容そのものの理解力が不足していることがあり、この場合、看護師の指導は当該認知症患者にとっては、転落防止に何ら役に立たないことになります。

例えば質問の認知症患者がトイレを自力で利用しようと思って、ベッドから降りようとしたとします。その前に、あらかじめ看護師が当該認知症患者のベッドからの転落について、多少でも危険性を感じているとすれば、トイレはポータブルトイレを利用するようにと指導していたとしても、認知症固有の理由でそれができない、あるいは困難となった場合、そもそも看護師のそのような指導は役に立たないことになります。だからといって、認知症患者であっても、単にベッドからの転落を防止する理由だけで「身体拘束」をすることはできません。そうかといって、認知症患者がベッドで過ごしている時間すべてを、誰かが見守っているということもできません。もちろん見守りが可能な家族、あるいは職員がいれば、見守りを実行することができますが、そのような立場の人がいない場合は、そもそも見守りができません。

これらの実情を考えていくと、究極的には認知症患者でコンプライアンスに不安を感じる患者には、結局のところ「身体拘束」でしかベッドからの転落を防止する有効な方法はないのではないか、ということにもなりかねません。この問題は個々の転落全てを防止するという観点では、ほとんど不可能と言うべきです。

医療の現場では、しかしそれでも当該認知症患者のベッドからの転落の時期、機会、態様等のデータを克明に集積しておき、その中から一定の転落の法則とでもいったものを導いて、その対策を取ることしか方法がないと思われます。一定の転落の法則がある程度掴むことができたら、その内容を病院職員全員で共通認識とすることは当然のことです。

このような事例の場合、問題が発生すれば多くの患者家族は、看護師の見守り不足を指摘してきます。しかしこの見守り自体が医療現場では著しく困難であることも、実は患者側も了解する事項となるべきです。

ご質問のような患者がベッドから転落したとしても、直ちには看護師の責任を問うことはできません。

3 介助中断後の転倒

質問 3 看護師が患者の体を支えようとしても、患者本人が「自分で動けます」と言って介助を中断した後に発生した患者の転倒は、看護師の判断不足になるのですか。

A 患者の判断力への信頼性の問題です。

解説 患者本人が、自分で自力の行動が取れると断言した場合であっても、介護者の立場から見れば明らかにその判断が患者の過信であったり、患者が自身の身体状況を的確に把握していないと考えられる場合は、患者の意に反してもその介助を続行すべきです。

患者の自主性を重んずることも、患者の治療、介護を進めていく上で大きな意義、価値を有しますが、その反面、患者の自主性の尊重自体が結果的に患者に危険を招くこともしばしば経験されています。

しかし介護者が患者の意思に反する行動をとった場合、そのことを原因として、患者との信頼関係に多少でも悪影響が出ることも考えられます。といってこのような場合、どちらか一方に立場を決めて、その立場通りの行動をとることも大きな躊躇を覚えることになります。介護者を含め医療者は、日常的にこのような患者との「苦闘」を経験されており、問題は根深いものがあります。

しかしながら、ご質問のような事情で患者が転倒し、何らかの健康被害が発生したとしても、少なくとも直ちには看護師の責任を追及することには歯止めをかけるべきです。

4 トイレ介助拒否後の転倒

質問4 トイレ介助に付き添いたいのに本人が拒否し、トイレで転倒した場合の責任はどうなりますか。

A 患者本人の自主性尊重と安全配慮との比較考量の問題です。

解説 この患者の判断能力自体に、全く問題はないとします。その場合、本件患者が普段付添介護を要する状態であったとしても、トイレ介助自体は自分の判断でこれを拒否することもできた、という状況であったとします。患者がトイレ自体は自力で可能であり、介助者の付添は必要でないとの判断のもとにそのことを付添者に伝え、トイレ介助を拒否したとします。

この場合、付添者は患者の意思をどの程度尊重するかという問題が発生しますが、トイレという性質上、単に付添の必要があることを強調して、トイレ介助も実施すると言うことについては、患者本人の自主性（羞恥感もその1つ）を損なうことにもなりかねません。しかし結果的に本件患者はトイレで転倒しているわけですから、その被害状況によっては紛争化する可能性があります。

このような場合、デイサービス中のトイレについて介助者の同行を拒否した後に転倒事故が発生したケースについて、裁判所が1つの判断を示しました（横浜地方裁判所 平成17年3月22日判決）。その判決の判断内容の一部を取り上げますと「（裁判例は、施設利用者が念のためにトイレに行こうとした事案であることを前提に）原告（施設利用者）が（トイレでの同行を）拒絶したからといって直ちに原告をひとりで歩かせるのではなく、原告を説得して、原告が便器まで歩くのを介護する義務があった。」と言っています。

この裁判事案の施設利用者が本当にトイレに行きたいと思っているのであれば、裁判所が指摘するような説得をしていたとすれば、当然排泄に支障をきたすことは考えられます。少なくともこの事案に関しての裁判所の判断は妥当性がないと言うべきです。本件の質問の患者本人も、トイレ介助を拒否する意図が明確であれば、それを押してまで付添者が付添を強行すべきではありません。もちろん可能な限り、しかも時間的に余裕がある限り付添者は患者本人に、転倒の危険性も伝え、そのうえで患者の判断に委ねるべきです。

5　階段利用時での転倒による責任の所在

質問5　外来から2階の部屋（栄養指導室）へ患者を引率する場合、患者本人が「階段でいい」と言ったので、階段を利用中に転倒した場合、また、患者本人の承諾を得ずに階段を利用して転倒した場合、施設や医療者に責任はありますか。

A　**患者の判断力への信頼性とその程度判断の問題です。**

解説　階段利用自体は、通常の平面の廊下等と比べてその昇降には常に危険が伴います。また階段を昇る場合と降りる場合とでは、その危険度も異なってきます。階段を昇る際、階段の蹴上げの高さに足が上がらない場合は、歩行が極めて不安定になりますし、降りる場合は、その踏面のわずかな踏み外しがあったとしたら、転落する危険性があります。

ご質問の患者は患者本人が「階段でいい」と自分の意思を伝え、自力で階段を昇る意思を示しています。引率者としては、当該患者が目的の階段を安全に昇降できるかどうかについて、ある程度以上の客観的判断をする必要があります。この場合、例えば過去の階段昇降で当該患者は、一人で何の問題もなく昇降できており、過去に事故が発生していなかったとすれば、その患者が自力で階段を昇降することが可能であったとの判断が可能となります。

引率者は、この患者が階段を自力で昇降できるかどうか、患者自身の判断が過剰な判断に陥ってないかどうかといったことを、その場で判断する必要があります。もちろん階段ですから、どのような利用者も転倒する危険性は幾分かはあります。しかし特に身体能力が低下していたり、判断力が低下している場合は、階段の昇降といえども階段昇降自体の危険性を考えるならば、その患者に固有の危険性がはらんでいるかどうかということも、患者が自力による階段昇降を求めて来た場合の判断材料とすべきということになります。

後半の質問の患者本人の承諾を得ずに階段を利用させた場合は、転落防止については、相応の注意を払っておく必要があります。引率者は転落についての予見可能性が成立し、したがってそれを防止する義務が生じるからです。

6 車椅子患者の椅子移動時の転倒

質問6 車椅子の患者を椅子に移動する際に、重すぎて誤って転倒させた場合、転倒した患者の家族への説明の際、「申し訳ない」と謝ると、全て医療者側の責任にならないでしょうか。

A **「申し訳ない」との言葉を添えて謝罪したとしても、それだけで責任を認めたことになりません。責任論の議論の上で抽象的に過ぎるからです。**

解説 介助者の持ち上げる力以上の体重の患者を移動させることは極めて困難というべきであり、介助者の力の限界を考慮した上で体移動を図るべきです。この点において転倒の責任は免れることはできません。

「申し訳ない」、もしくはこれと同種の謝罪の言葉のみでは、例えば転倒の具体的態様が述べられているわけではありませんから、謝罪の言葉、事実だけから責任の有無の判断をすることはできません。事実関係、あるいはその評価が定まっていない限り、担当者が独自の判断で事実関係あるいはその評価を述べた上で謝罪した場合に初めて責任が生じることになります。後に事実関係および評価が誤りであったことが明らかになったとしても、その内容を覆すことは極めて困難です。

一般的に何らかの事故が起こり、患者にいくらかでも不愉快な気分が生じた場合には、医療者は発生した被害事実に対しては謙虚に謝罪しても問題はないどころか、今後の患者、医療者の人間関係を円滑にするためにも必要なことです。ただ上述したように、謝罪の言葉は慎重に選ぶべきです。

責任が明確に認められていないのに、謝罪する側が独自の見解で、具体的な注意義務（質問の場合で言えば、車椅子の患者を椅子に移動させる際には、その患者の体重をあらかじめ知っておき、その体重によっては職員の力ではスムーズに椅子に移動することができないことから他の職員と一緒に移動すべきであった）と、その違反（「不注意で1人でやってしまいました。」）を謝罪の言葉の中に織り込んでしまうと、そのこと自体がいわゆる自白（自己に不利益になる事実を自ら述べること。）とみなされることになり、責任が肯定されることになります。

この注意義務とその違反が確定しない限り、少なくともその内容を断定的に述べることは控えるべきです。

7　患者の転倒に対する病院側の責任の有無

質問 7

軽い認知症がある患者で、自分で動くと転倒する恐れがあるため行動制限（離床センサー設置）し、食事については車椅子で摂っていました。ナースコールは手元に設置はしていました。患者が食後にベッドの上の携帯電話を取ろうとして立ち上がり、車椅子が動いて転倒し、その際に胸を打撲しました。車椅子はストッパーをしていましたが、自分で外したと思われます。離床センサーの作動と、廊下を丁度通りがかった看護師が発見しました。患者は「打撲した、胸が痛い」と言いましたが、レントゲンでは問題はありませんでした。その夜に家族へ退院の話をしたところ、家族は「転倒後の経過も見ずに退院とはどういうことか」と言い、今までの医師や看護師の対応についてもクレームを言って、退院を納得しませんでした。そのため、入院期間を延長することになりましたが、支払いの時に「転倒後の支払いには応じない」と入院費が未払いのままになっています。患者家族へ説明する機会を設けましたが、家族は、認知症があり危ないと認識していたのであれば、そばに付き添っておくことが必要であり、それを怠ったために発生したと主張されました。さらに、ヒヤリハットを出したことは医療事故であり、治療費は払えないと主張されたり、このようなことは起こさないと文書で請求されたりしていますが、これに対して、どのように対応すればよいのでしょうか。

また、転倒転落に対する看護師の責任はどこまであるのでしょうか。終始患者のそばを離れないようなケアをしなければならないのですか。

A

これは転倒・転落事故が発生した場合の患者側の代表的なクレーム内容です。転倒・転落の発生メカニズムを細かに分析すれば、ほとんどの場合、その防止はできないというべきです。転倒自体は、防止が極めて困難であることを家族に強力に説明すべきです。

解説　本問を検討するための前提として、本件患者の転倒自体に病院側の責任が発生するかどうかを検討しておく必要があります。その際検討すべき論点は、本件の場合、具体的にどのような方法をとれば、転倒自体が防止できたかどうか、その方法の探索ということになります。しかもその方法は観念的なものではなく、臨床現場の条件に応じて実際に採用できる方法ということになります。

本件患者は軽い認知症があるということですから、多少判断能力が低下しているということも考えられます。このこと自体が病院の責任論の判断にどのように反映するか、ということも問題となります。このことは患者家族の「認知症があり危ないと認識していたのであれば、そばに付き添っておくことが必要」との主張に対する回答にもなります。しかしこの場合も実際に「(常に) そこに付き添っておくこと」が可能かどうかという判断の結論によります。

退院の問題については、医師の専門的判断で少なくとも入院の必要性がないと判断される場合は、入院契約を解除する理由が発生することになります。本件患者側の退院拒否の理由は成立しないというべきです。治療費については、本件医療事故発生およびその後の処置に病院側の過失が成立する場合はその費用は病院の負担となりますが、そうでない限り患者側の負担となります。そのこと自体を患者が受け入れないとすれば、法的手段においては最終的に訴訟による請求ということになります。

転倒転落の責任論を原則的に言えば、医療側には転倒・転落自体の発生責任はないと考えるべきであり、医療側に責任が発生するとすれば、事前に転倒・転落の発生が具体的に予想できる場合に臨床上可能な防止方法をとる、ということになります。さらに転倒・転落後の処置に何らかの遅れが発生している場合で、その遅れが回避できた可能性がある場合に責任が肯定されるということになります。

一般的に言って、転倒・転落自体は通常の注意義務を果たしていてもそのメカニズム上、発生は防げないと認識すべきです。

8　転倒リスク説明後の転倒

質問8　転倒のリスクの高い患者（意識レベル清明）に、移動時は必ずナースコールするように説明して了解してもらったのに自分で動いて転倒した場合の、看護師の責任はどうなりますか。

A　患者の理解力と実行力の有無、程度の判断問題です。

解説　ご質問のような場合の医療者の責任の有無を判断するには、極めて細かな分析が必要となります。患者の移動時に「必ずナースコールをしてください」との説明に対して、患者がどのように理解したのか、自力で移動できると患者自身が思った際にもナースコールをすべきかと患者が判断したかどうか、移動の範囲はどうか、「自分で動いた」場所はどうかといった点についての分析が必要となってきます。

これらの具体的な事情が明らかになって初めて、医療者の責任論を検討することになりますが、ご質問のケースのように、患者自身がナースコールすることに遠慮する場合が多いことが経験されています。これらの患者の心情を十分に考慮した上で、ナースコールについての説明を実施すべきです。

そして、過去にナースコールをしないで移動した経験がある患者については、特に、ナースコールの説明の際に要した言葉および患者の理解の内容を示す言動も、看護記録に記載しておくべきです。

これによって医療者の最低限の義務の履行を丁寧に実施したことが立証されます。丁寧に説明して患者が素直にその指示内容を理解したと判断しても不自然でないと思われるような事情が見受けられ場合は、ナースコールに関しては看護師に責任はないと言えます。

9 転倒の事前説明と事故による責任

質問9 転倒の危険がある患者について、骨折の可能性があることを家族に説明し、理解を得ていました。しかし、患者が転倒し脳内出血を起こして裁判となった場合、病院の過失はどのように判断されますか。

A 家族への事前の説明は、転倒事故の責任論には、ほとんど影響しません。実態を検討、判断すべきです。

解説 ご質問の趣旨を細分してみます。「転倒の危険がある患者」とは、どの程度危険がある患者を想定するかという問題があります。

過去に幾度も転倒歴のある患者は、この要件に該当すると言えます。しかしながら単に高齢であるというのみで、過去に全く転倒歴もなく、転倒をきたしやすい疾患にも罹患していないといった事情がある場合は、抽象的には転倒の危険性があっても、具体的な転倒の危険性を想定することは著しく困難となります。また「骨折の可能性があることを家族に」説明したとありますが、転倒の危険発生の内容が「骨折」のみに限定されていたのかどうかという問題があります。

本件では実際に転倒で「脳内出血」を引き起こしているわけですから「骨折」ではありません。そうなると家族の理解の内容が骨折ではなく、脳内出血の場合でも、理解の範囲だったのかどうかということが問題となります。「家族の理解」ということも、多義的な概念であり、その内容を吟味しておく必要があります。すなわち転倒が発生しても、その家族が理解しているということは、医療者に過失がない場合、すなわち偶発症的な転倒が発生した場合はそれによる損害の請求をしないという意味なのか、医療者に転倒についての過失がある場合も理解を示す、すなわち損害賠償請求権を放棄する趣旨なのかという検討が必要になります。病院側の過失の成否は、上記のような内容を詳細に吟味することで判断されることになります。

厳密に言えば、具体的に転倒の危険性が想定される場合に、それによって何らかの健康被害が患者に発生しても、それによる損害賠償請求権を放棄します、ただし、医療者に過失がある場合はこの限りではありません、というのが一般的な理解すなわち同意の内容となります。

すなわち、仮に事前に患者の転倒について家族の了解が得られていたとしても、患者の転倒が具体的に予測され、かつその防止方法が臨床の現場でも採り得るのに、不注意で採らなかった、その結果、転倒し負傷したということになれば、病院側の責任が問われることになります。

10 転倒・転落時の謝罪

質問10 転倒・転落した場合は謝ってはいけないと言いますが、どうすればよいですか。

A **患者の受けた被害事実に対しては謝罪しても構いませんが、法的責任を認めることになるような謝罪の仕方は控えるべきです。**

解説 「痛かったですね」「辛かったでしょう」という言葉はいくら言っても良いが、「転倒する可能性があったので、柵をすべきでした」というように、具体的事実を述べてその過失を述べることは、過失の内容が確定していない限り患者に言うべきではありません。

仮にこのようなことを患者に伝えると、病院が過失を認めることになるからです。何も言わないと患者の家族等が感情を高ぶらせることもあるので、声かけは必要ですが言葉は選ぶ必要はあります。

第4章

医療現場での事故・紛争

1　看護師の法的責任

質問1　看護師の法的責任に関して、看護師として身につけておくべき法律の知識はどのようなものがありますか。万が一法的責任を問われるような場面に当たった時の対応について教えてください。

A　**責任論といっても様々な場面での検討が必要であり、広く法律の知識を深める以外に、その対応策を立てることはできません。**

解説　「法的責任」とは多くの場合、民事責任（お金を払うべき責任）のことを意味します。金銭による損害賠償責任が発生することを法的責任と言います。もちろん法的責任の中には刑事責任、行政責任もありますが、日常的には民事責任の成否が議論されることになります。民事的な法的責任が発生する根拠は要するに、医療行為に「過失」と「因果関係」が認められ、患者に「損害」が発生していることです。

したがって、この責任の有無の判断は極めて専門的な判断となります。即ち、例えば「看護師」としての法的責任の有無は必ずしも「医師」の法的責任の有無の検討事項とは同一でないこともあります。

しかしこれらの問題は、民法という法律の「不法行為」あるいは「債務不履行」といった分野で検討されていることであり、詳しく知るためにはそれらの法律書を読むことが必要となってきます。

万が一法的責任を問われるような場合は、要するに上記のような要件が発生しているかどうかを検討することになります。それには専門家を交えて議論すること必須となります。弁護士がその役目を果たしていることが多いと言えます。

2 看護補助者の法的責任

質問 2 看護補助者に関わる看護師の法的責任はありますか。

A 看護補助者であっても法的責任が生じることはあります。

解説 「看護補助者の業務範囲とその教育等に関する検討報告書」（日本看護協会業務委員会　1996年9月）によると、看護補助者の業務は「看護が提供される場において、看護チームの一員として看護の専門的判断を要しない療養上の世話業務及び診療補助に関わる周辺業務を行う」とされています。

看護補助者の実践の場は医療施設に限定されており、看護補助者の業務の範囲は生活環境に関わる業務、日常生活に関わる業務、診療に関わる周辺業務に分類されており、その責任の範囲は「看護補助者は看護ケアについて看護師が指示した範囲の責任を持つ。看護補助者は患者に対する看護ケアについて何をすべきか或いは何をしてはいけないかについては看護師の指示に従うものとする。指示された内容についてどのように行うのか、やり方がわからない場合は、看護師に尋ねて明らかにしなければならない。特に診療に関わる周辺業務など看護の専門的な判断を要しない事項については看護補助者が判断し責任を持って業務を遂行するが、実施の前後または必要に応じて監督者に報告を行う義務がある。」とされています。

この検討報告書の内容そのものは法的責任を明確にするものではありませんが、上記のような趣旨に従って看護補助者は業務を遂行する義務があると考えるべきであり、この義務に違反した場合で、それによって患者に悪い結果が発生した場合には看護補助者にも法的責任が発生することになります。

3　看護師個人への賠償命令（判例）

質問3　看護師個人に賠償命令があった例を教えてください。

A　看護師個人に賠償命令があったケースは多くあります。患者の意向によりますが、看護師個人に対してはなはだしい悪印象を持っている場合は、得てして看護師個人をターゲットにして賠償請求することがあります。

解説

(1)　医師から、患者に劇薬である麻酔薬（ネンプタール）の筋肉注射を指示されたにもかかわらず、その適量用法を誤って静脈注射行った看護師に、刑事責任が認められた事例。

(2)　医師の指示により、看護師がイルガピリンを左臂部に注射する際に、誤って注射薬を神経組織に浸潤させたとして、注射を担当した看護師に、注射部位を選定して慎重に薬を投与する注意義務違反が認められた事例……認容額：金30万円

(3)　見習い看護師が、泣いている乳児に錠剤を服用させようとして、錠剤が気管支に入り窒息死した事案で、見習い看護師には乳児が泣き止むのを待たないで錠剤を服用させた点に過失があるとされた事例……認容額：金300万円

(4)　腸閉鎖の手術後の患者が、腹膜炎のために容体が急変し死亡するに至った事案につき、術後の経過観察において、容体に変化があった場合に当直医に報告することは看護師として当然にとるべき措置であって、当直の看護師が担当医に連絡することを怠った点に過失があるとされた事例……認容額：金4200万円

4 マニュアル遵守の重要性

質問 4 マニュアルを遵守せず医療事故を起こし、賠償を求められたときどうなりますか。賠償保険には加入していますが、個人で支払うことになるのでしょうか。

A マニュアルを遵守しないことが、当該医療行為において過失があると判断された際には、損害賠償を求められます。損害賠償の支払いをする当事者は、通常は医師あるいは看護師の使用者である法人病院となります。

解説 マニュアルを遵守することは、過失の有無を判断するうえで極めて大きな要素となります。マニュアル自体が適切な医療行為、看護行為の内容となっている場合には、医療者はよほどのことがない限りそのマニュアルを遵守すべきことになります。

その上で医療事故が発生した場合は、医療者が実行できる注意義務を履行していたかどうかを検討することになりますが、やはりその判断基準は、正当性とその実行可能性に根拠をおくマニュアルに求めることになります。

被害を受けた患者から賠償請求を受ける場合は、原則として、医師あるいは看護師の使用者である法人（病院）が請求されることになります。しかしながら請求する患者の意思によっては、直接過失を犯した職員個人に請求することも充分あり得ます。

そのための備えとして個人が賠償責任保険に加入することがありますが、その用途は、職員個人の行為が原因で法人が使用者責任を負う場合に、法人が負担可能な保険金を超える損害が発生した場合には、その個人の賠償責任保険を利用することもあります。

あるいは、医師が勤務先の病院以外で医療事故を起こした場合には、個人で加入している賠償責任保険が用いられることになります。

5　病院側に医療ミスがあった場合の対応

質問5　病院側にミスがあり、患者への影響の有無に関わらず患者（家族）より「家に謝りに来い、土下座しろ、当事者を呼べ」などの要求があった場合、どこまで対応したらよいですか。

また、「説明を聞きたい、迎えに来い」などの要求時にはどのように対応したらよいですか。

謝罪の場面に当事者本人は出たほうがよいのでしょうか（他の研修では出すべきという指導もありました）。

A　医療行為に過失があった場合は、社会常識的な範囲内において謝罪すべきですが、患者家族の理不尽な要求には病院側は、たとえ医療行為に過失があったとしても応じる義務はありません。

また、一概には言えませんが、当事者を直接患者側に対面させるかどうかは当事者の保護を図るという役割からいっても、病院側としては、原則的には対面させる必要はありません。

解説　病院側に医療上の明らかなミスがあった際に、患者家族の対応はさまざまです。ミス自体による損害の回復の実現と、患者家族の慰謝は必ずしも区別できるものではありません。患者家族への慰謝を十分に実行することにより、医療ミスの回復自体がスムーズに行くこともしばしば経験されています。

しかしながら、ご質問のように、たとえ家族の心情がこのような発言につながったにせよ、これらの患者家族の要求に応じることは社会的常識に反すると言えます。家に謝罪に来いという要求に応じることは、現在でもしばしば行われていることで、特に問題視することはできませんが、土下座は論外です。

また、当事者自身を謝罪の場に赴かせることは、当事者の犯したミスを償う以上の負担を与えることになりかねません。謝罪の場面に当事者を出すかどうかの判断は極めて困難ですが、まず当事者本人の意思を尊重すべきです。自ら患者家族に謝罪するとの意思を表明している場合は、むしろ本人が謝罪することによって自らの呵責の念を軽減することが期待できます。また場合によっては、被害患者家族の怒りを肌で感じることによって、今後の業務に緊張感を持つことも期待できます。

しかしながら、これらのことが明らかに困難だと思われる当事者の場合は、謝罪の場に立ち会うことは控えるべきです。理屈を言えば、事故の責任者は病院自身になります。本来的には病院が当事者に代わって、患者に責任を負うことになります。

当事者を謝罪ないしは交渉の場に立ち合わせた場合、自己の責任の償い以上の制裁を受けさせる可能性があります。そのような場合、病院としては当事者職員を保護する役割も担います。

ただし、それによって患者家族が怒りを倍加させた場合は、その対応に苦慮しますが、組織維持のためにはその対応を工夫（同種例を各病院が持ち寄って議論検討すること→そのための勉強会等の開催等）することが必要になると思われます。

患者家族の怒りの表現が、一般人の常識以上に表された場合には、病院としては刑事事件（脅迫・強要）の問題として考えることも必要となります。

6 誤薬の記録方法

質問6 誤薬した場合、全て記録したほうがよいと思いますが、実際にはどのレベルから記載しておいたほうがよいのですか。

A この種の事件は、原則全ての内容を記録しておくべきです。責任論というよりも患者の診療利益の確保のためです。

解説 誤薬した場合は、少なくとも患者がある特定の薬物を服用したことは、その時期、薬物の内容、薬物量をできるだけ特定して記載しておくべきです。また、薬物の取り違えの場合、本来服用すべき薬物を服用しなかった患者についても、服用しなかった事実を記載すべきです。結局、誤薬した場合はそれを服用した患者の健康被害の有無に最大の注意を注ぐべきであり、本来服用すべきでない薬を服用したために、その後の薬物治療あるいは治療計画を組む場合は、服用した薬物の内容が明らかでない限り、それらは有効に実行することができないからです。したがって、薬物情報、患者情報として判明していることは全て記載しておくべきです。客観的に誤薬があった場合で患者に何らかの健康被害が発生している場合、法的責任は明らかですから、後は患者の健康被害を回復することに尽きます。

誤薬という言葉は様々な意味に用いられます。しかし最終的には当該患者が服薬した薬物が本来服薬すべきものでなかった薬物、あるいは本来服薬すべき薬物を服薬しなかったことを指します。もちろんその中には薬物の種類、薬物の量、服薬方法、服薬時期といった問題が発生します。

一般的に誤薬とされる問題は、すべて病院側の内部で発生する出来事であり、少なくとも患者が薬物を自ら服薬する以前の段階では、患者側はなんら関与することができません。誤薬はすべて医療側の責任になります。

患者の服薬自体も、すべて患者の責任と言えない場合もあります。極端に言えば医療職員の前で服薬をしていたとしても、医療職員が例えば病室から退室した後に、患者によっては自力で飲み込んだ薬を吐き出すこともあり得るからです。しかし最終的にはこのような患者に対しては、同様の過去歴があればまだしも、そうでない限りは医療者としても患者を信頼して服薬を促すしかありません。

7 医療事故における責任の所在

質問 7

① 医師の指示で看護師が実施した薬剤により、患者の状態が悪化し死亡した場合の責任はどうなりますか。

② 手術中、器械出しの介助ミスで患者に影響があった場合の看護師の責任はどうなりますか。

③ 中材業務の中で、滅菌が不十分で患者の感染が起こり、医学的に問題となった責任はどの程度まで問われるのでしょうか。

A

① 看護師の責任論でいえば、薬剤の知識の有無、医師の処方の是非が検討されます。

② 看護師の介助ミスが明らかにあれば、その看護師は医師とともに責任を負います。

③ 滅菌に従事する医療者が不十分な滅菌をしたことが明らかな場合は、その医療者が行った不十分な滅菌を原因として患者に発生した損害事実について、責任を負います。

解説

① 医師の指示で看護師が実施した薬剤により、患者の状態が悪化、さらに死亡した場合の責任は、医師の薬剤指示内容自体が間違っている事が、その事実を通常の看護師レベルではその間違いに気付くことが著しく困難な場合には、看護師にはその責任は発生しません。

しかし、看護師の薬剤知識レベルで、医師の指示の間違いが容易に発見しうる場合は、その間違いを医師に指摘すべきであり、そのような配慮をしないで投与した場合は、医師と看護師の共同責任となります。

② 手術中、器械出しの介助ミスがあった場合は、その介助ミスを実行した看護師に責任が及ぶことは明らかです。それと同時に、担当した医師も看護師に診療の補助行為をさせているわけですから、医師には

その管理責任も発生することになります。

③　中材業務において滅菌が不十分な場合、さまざまな滅菌法を実施する担当者が特定できている場合は、その担当者が責任を負うことは明らかであるとして、その他の医療者が滅菌についてどの程度関与できるかにより、責任の内容が異なります。

しかしながら、単独の担当者ではなく、様々な医療者が関与して滅菌が不十分になり、そのために患者に健康被害が発生した場合は、関連した医療者全員が患者に対して連帯責任を負います。

8 指示者と実施者の責任

質問8 医師の指示で行ったことが原因で医療事故が起こった場合、実施者だけの責任になりますか。

A 医師の指示内容が間違っている場合は、その医師が責任を負います。医師の指示が間違いではなく実施者がミスを犯した場合は、その実施者と、多くの場合医師が連帯して患者に責任を負います。

解説 ご質問の実施者を仮に看護師とします。看護師は診療補助に関しては、当然医師の指示を受けることになります。

医師の指示が間違っていた場合、その間違いを看護師が気付いていたにもかかわらず、あえて医師の指示通りのことをしている場合は、その発生した結果について医師、看護師両方とも責任を負います。

これに反して、医師の指示の正誤の評価ができない看護師の場合で、その評価の程度が通常の看護師のレベルでは無理もないとした場合は、看護師の責任は発生しません。

医師の指示が正しい場合でも、看護師が指示内容を実施することについてミスがあった場合は、その看護師と、指示を命じた医師が指示を受けた看護師の力量の評価を誤ったという事実があれば、医師と看護師が連帯責任を負います。

医師の指示が誤っている場合は、医師の単独の責任となります。

9 指示間違い時の責任

質問 9 医師の指示に従い行った行為が、間違っていた場合の責任の比重はどうなりますか。

A 医療者それぞれの役割によって、責任の割合が決まることになります。

解説 医師の指示を受けた職員が、その職員の医療知識で医師の指示内容が間違っていることの判断が可能であった場合で、その判断をしなかったために患者に健康被害が発生した場合は医師とその職員自身の共同不法行為が発生します。

医療行為における医師の役割の重要性を考えると、医師が間違った指示をしていた場合の責任は他の医療職員よりも相当重くなるというべきです。ただし、対患者との関係では責任の割合はなく、患者に発生した健康被害全てについて、病院として責任を負うことになります。

10　処方ミスによる責任

質問10　医師が通常の10倍量の薬剤を処方し、薬剤師も気づかず調剤、また看護師も気づかず与薬し、病状が悪化して患者が死亡した場合、医師・薬剤師・看護師の責任の割合はどうなりますか。

A　三者ともそれぞれの職務上のミスということで患者に責任を負いますが、三者の責任の割合は、具体的事情によります。

解説　医師の処方上のミス、薬剤師の確認あるいは疑義照会義務履行の不実施、看護師の看護水準以下の判断ミスが重なった場合で、その複合的なことが原因で患者の病状の悪化、死亡につながった場合は医療者すべてが責任を負います。

この場合、医師・薬剤師・看護師は、連帯して患者に責任を負います。

医師・薬剤師・看護師の責任の割合は、あくまでも内部の負担割合で決めるものであり、そのこと自体の効果は、患者に及ぶことはありません。上記の場合、具体的な事情にもよりますが、責任の割合が最も高いのは医師です。薬剤師ないし看護師は同等の責任を負うと思われます。

薬剤師ないし看護師は、責任の割合から言えば薬剤師の方が看護師よりも重いというべきです。

ところで医師が処方ミスをした場合、医師がその責任を負うことは当然としても、薬剤師あるいは看護師はそれぞれの役目からいって、医師の処方内容についてもその役割の見地から、処方内容の適切さを判断すべき義務を負っていると言うべきです。薬物量が通常の10倍に処方されている場合は、厳密な薬理学の知識がなくても、常識的に考えてこれはおかしいのではないかという疑問を持つべきです。

そのことを踏まえると、ご質問のような事態が発生した原因を考えたとき、少なくとも薬剤師は処方内容を十分に読んでいなかったのではないかという素朴な疑問も生じる余地があります。看護師も普段通りの量ではないということに、気がつくべきとも言えます。

チーム医療は、それぞれの信頼関係があることが前提ですが、信頼関係は時には確認される必要があります。

11 体内異物残存

質問 11

手術中のカウントミスで、体内にガーゼ・針・機械等いずれかの残存が術後に判明した時に、本人や家族に説明し訴えられた場合、具体的にどのような流れや手続きを経て裁判になるのか教えてください。

そのような場合の賠償額や、当事者はその後看護師として働いていけるのか。訴えられる事例は全事例の何％ぐらいありますか。

A

裁判に至る経過は、ほとんどすべての医療ミスについて同様の経過となります。ご質問の場合にことさら訴訟に至る経過で特異なことはありません。医療事故を起こしたとしても、その責任が果たされている限り、看護師を退職する理由にはなりません。

解説

患者の体内にガーゼや針等の異物が残存していることが判明すると、それによって患者に何らの体調変化がない場合でも、大抵の患者は病院側に損害賠償請求をしてきます。さらに異物の残存が何らかの体調変化の原因となっている場合は、損害賠償の金額は大きくなります。

患者側が、例えば他の病院で画像診断を受けた際に、偶然異物が発見され異物混入先が特定の病院であることが判明したとします。患者はそれらの証拠をもとにして、特定の病院に対し損害賠償を請求してきます。

もちろんその際、患者本人あるいは事情によっては弁護士が患者の代理人として請求をしてくることがあります。病院はその請求に対して、異物が混入している原因、事実が当該病院であることが判明した場合は、損害の額の交渉になります。

病院側と請求者側の金額交渉で進めるのですが、金額で折り合いがつかない場合は、患者側の意思によって訴訟が提起されます。

賠償金額は異物が混入していた期間、あるいはそれによる体調の悪化等によって金額が決まりますが、一定の基準というものがありません。多くの場合は異物の摘出による費用（手術費用）と慰謝料になります。

私はこれまでに、慰謝料が100万円から700万円を経験したことがあります。異物残存で最も特徴的なことは、仮に異物混入がなされたのが20年以上前のことであっても、異物が体内に残存している限り、必ずしも消滅時効にかからないことがあるということです。

異物混入の原因が仮に看護師であることが特定されたとしても、その看護師は勤務を継続することに何ら問題はありません。再発防止策の策定は病院関係者全員で築き上げるべきものです。

訴訟のケースはそう多くはありません。多くの場合は示談交渉で解決されています。

12 食事中の窒息事故による病院職員の法的責任

質問 12 自力で食物摂取可能な患者が、食事中に窒息事故を起こし、救命処置を行ったものの死亡した場合、対応した職員に対する法的責任はありますか。

A 窒息死に至る前の患者の各行動を詳細に分析し、法的責任の有無を検討することとなります。

解説 ご質問のような場合に対応職員に法的責任が発生するとすれば、窒息事故を起こした患者の窒息の原因となった誤燕が発生することの予見可能性と防止方法の有無を、具体的に検討することになります。

実際、誤燕は時間的には数秒単位で発生しうるものですから、そのような時間単位で直ちに対応できる位置に職員が待機していることが必要になりますが、そのようなことが臨床上、実行できる可能性の有無が検討されることになります。当該患者によほど燕下障害あるいは咀嚼障害が発生していることが明らかであれば、その対策はある程度講じることができますが、自力で摂取可能な患者に対しては、常に誤燕を防止する意味を込めて、職員が監視することはほとんど不可能というべきです。ただし、誤燕が発生すれば直ちにその状態を発見し、適切な対応をすべきことは当然のことです。誤燕発見自体にいたずらに時間を取り、対応が困難ないし不能となれば、その点について法的責任が生じる余地があります。

13 アレルギー患者にアレルギー食材を提供した責任の有無

質問 13 アレルギー履歴を見落としてアレルギー食材の提供を行い、患者に処置や治療が必要となった場合、病院としての責任はどのようになるのですか。

A アレルギー履歴を病院側が把握している限り、それに反する病院側の処置については病院側に責任が発生する可能性が高いと言えます。

解説 患者のアレルギー履歴を医療情報として病院が認識している場合、当然それに即した対応が求められます。そのために、ご質問のような状況が発生し、患者に健康被害が発生した場合は、それに関して病院が責任を負うことになります。ただ単にアレルギー履歴といっても、どの程度の精度で把握されているのか、どの程度の食材の提供が制限されるのかといった点については、常に各論的に問題となります。しかし、通常想定される食材制限については、食物を取り扱う職域の人は、すべてそれらを知っていること、あるいは知るべきことを前提として、責任判断がされることになります。

患者は、自己のアレルギー履歴を医療担当者に伝えて、その内容が記録に記載されている限り、患者としては自分の責任を果たしたことになります。

医療側としては、患者のアレルギー情報を入手し、その医療情報を下にして例えば食材の選択をすることになります。アレルギー履歴と言ってもその内容が極めて詳細であり、患者固有のものが多いことから言えば、食物アレルギー歴を聞き取る側もどのような内容を聞き取るべきか、あるいは聞き取った内容に沿って、すべての面で食材選択が可能か否かということも考慮しておく必要があります。

また適切な質問をしないと、患者独自の判断で必要事項を伝えないこともあり得ます。アレルギー歴の聞き取りについては最大の注意を払うべきです。

14 重症心身障害者病棟での事故

質問 14 以下のような場合、看護師の責任が問われる範囲や事例があれば教えてください（重心病棟）。

① 点滴自己抜去：重心の患者で体動が激しく抑制にもリスクあり家族の付き添いも難しい

② 転倒・転落：ベッド柵の上げ忘れによる

③ 骨折：原因が特定できない骨折（症状が出て分かる）

A 患者による点滴の自己抜去、転倒・転落、骨折等これらの事故は、必ずしもすべてに医療者に責任があるとは限りません。個々の事例の防止方法を臨床現場の感覚で打ち立てるべきです。

解説 ① ご質問のような条件下の患者が点滴を自己抜去した場合、それを回避する具体的な方法が考えつくでしょうか。その回避する方法は、臨床の現場で実際に採用することが可能なことに限定されます。

この患者には抑制も限界がありますから、結局のところは、常にあるいは頻繁に患者観察をすることに尽きると思われます。しかし、このようなことが臨床の現場で間断なく実行することが可能でしょうか。おそらく不可能だと思われます。

病院の対応としては、以下の転倒・転落も同じですが、事故の防止は困難であったとしても、発生した事故をいち早く発見し、適切な処置をとることこそが重要です。この発見が遅れたために患者に不利益事実が発生、あるいは増加した場合は、病院の免責を主張することが困難となります。

② ベッドからの転落を防止する方法として、ベッド柵を設置することが予定されている場合は、具体的にベッド柵の設置をすることが注意義務の内容となります。

ベッド柵が設置されていれば転落が発生しなかったとすれば、実際に転落で発生した患者の不利益事実に対して、損害賠償を病院側が負担することになります。

このご質問の場合は、医療者ベッド柵の上げ忘れをしていた場合は、責任が発生することになります。

③　本件の例に限りませんが、発生原因が特定できない場合は、そもそも医療行為、看護行為の過失は問題となりません。

原因探索は厳しくすべきですが、それにもかかわらず原因自体が特定できない場合は、その元となった医療行為、看護行為が具体的に特定されないわけですから、過失の有無の評価をすることはできないということです。すなわち過失の評価をする前提事実が不明であれば、そもそも評価ができません。

しかし患者側からすれば、常にそのような場合は医師あるいは看護師の見落としといった点で追及されますから、いち早く症状を発見することが大切となってきます。

15 自殺未遂の透析患者への対応

質問 15

自殺未遂を起こした透析患者がいました。透析を今後も続けていくことや、今回は血圧の薬が追加処方されたことがその理由であったようです。患者は追加処方薬に納得しておらず、確認すると飲んでいませんでした。看護師は必要性を説明しましたが、それが嫌だったのか、辛かったのか自殺を図ったということです。命に別状なく、その後透析に通院しています。もし、死亡した場合、どうなりますか。担当医師も説明はしていますが、病院側や看護師はどうなりますか。

A

病院側や看護師の責任論で言えば、透析患者に対して、透析の継続そのもの、薬物投与についてどの程度説得したかということが、議論されます。

解説

ご質問のように、患者に追加処方薬の服用をその必要性を含めて十分に説得したにもかかわらず、患者が自殺を決行した場合は、医療者は責任を負わないと考えるべきです。患者に自殺企図が見られ、その原因がある程度判明している場合は、医療者はその原因除去についての最大限の努力を試みるべきですが、それにもかかわらず医療者の踏み込みきれない内面的理由によって、患者が自由な意志で自死を決行したとしても、医療者の敗北とも言えますが、患者の自己決定権の行使という場面でもあります。

透析という、患者にとって大きな負担になるような治療を継続する場合は、患者がその治療を受容しているかどうかを見極めながら、息の長い説得をする必要があります。透析の場合、仮に透析を中断したとしても生命に危険が及ぶまでには数日間の余裕があります。したがってこのような場合は、生死が切迫していない事情にあり、患者への説得は困難を極めるケースが多く報告されています。

ご質問のようなケースで患者が自死したとしても、病院側や看護師は法的には責任を負わないというべきです。

16 「訴える」「訴えられる」とは

質問
16

「訴える」「訴えられる」という言葉はよく耳にしますが、具体的なイメージがわきません。訴えられた時、自分は誰に相談してどんな手続きをして、どのようにして賠償していくのか、具体例をあげて裁判の流れを説明してください。

① 訴えようと思ったら、どこにどんな手続きをするのか。

② 訴えられたら、どこからどんな通知がきて訴えられたことを知り、いつどこに行って話し合い、誰から判決を伝えられ、どんな風に賠償していくのか。

③ 訴える方も訴えられる方もどれくらい費用がかかるのか。

〈例〉

検査技師Aは、病棟で患者Bさんの採血終了後、ベッド柵を元に戻すのを忘れ柵を外したまま病室を離れた。その後、患者Bさんがベッドから落下した状態で見つかり、骨折していることがわかった。患者Bさんの家族はベッド柵が外れていたことが骨折の原因であるとして、検査技師Aを訴えた。

A

① 通常は弁護士に依頼して訴状という書類を裁判所に提出します。

② 原告（訴える側）が裁判所に訴状を提出すれば、書面の確認などの時間を経て、直接裁判所から被告（訴えられる側）に訴状及び呼出状が郵送されてきます。

③ 様々な費用は原則として、原告が被告に請求する金額（訴額）を基準に決められます。

解説

訴訟（医療訴訟）は原告（訴える側）が被告（訴えられる側）に対して、金銭の支払いを求めて、原告の住所地にある地方裁判所に訴訟を提起することになります。

本件例でいえば、患者Bは検査技師Aを訴えようとすれば、常識的にはまず、医療訴訟を担当してくれる弁護士を探します。その弁護士が医療事故の内容を、おおよそ聞いて訴訟になり得ると判断したときは、その患者の代理人となって訴訟を提起します。

原告から訴状を受け取った裁判所は一定の審査を経て、被告に対し、あらかじめ定めた期日へ出頭（呼出状）することを求めます。その後、裁判所で原告と被告がそれぞれ自分の言い分を主張し、かつ必要に応じて証拠を提出して、多くの場合、最終的に裁判所の判決を求めることになります。

医療訴訟の場合は、多くは病院そのものが被告になっており、担当医療者が病院と共に被告の立場に立つことは少ないのですが、病院としては医療訴訟を進めていくためには、担当医療者との綿密な打ち合わせが必要であり、その過程で裁判の進行具合を病院から知らされることになります。

裁判の進行において、その結果と内容は「和解」あるいは「判決」のいずれかに示され、その結果および内容は、病院から医療担当者を含めた関係者に知らされることになります。

和解ないし判決で支払い責任を負う場合は、ほとんどの場合、医師賠償責任保険の保険金から支払うことになります。原告、被告いずれにしても訴訟費用や弁護士費用が必要ですが、被告の立場でいえばこれら費用は原則としてすべて医師賠償責任保険のなかで支払われます。病院側の個人がこれらの費用を支払うことは、原則としてありません。

第5章

診療記録・看護記録・録音

1　病状説明時の録音拒否

質問 1　医療者が患者に病状を説明するとき、ボイスレコーダーを持参する患者・家族がいますが、録音を拒否することはできるのですか。

A　**録音は、功罪両用がありますが、その利用が病院にとって有利な事情になるように仕向けるべきです。**

解説　患者側が録音することで医師と患者側の信頼関係の形成に悪影響をもたらすと考えられる場合は、録音の利用を拒否することもできます。しかし、患者がその申し出をする場合は、録音を通じて正確な医療情報が伝わることになるため、かえってメリットになるとも考えられます。

そのため、患者側が録音することがあらかじめ想定されている場合は、より正確な医療情報を伝えて患者側の理解を得るべきです。特に録音を聴くのが他の医師と想定される場合は、より一層説得的に説明すべきです。そうすれば、メモ等の方法よりも正確に伝えたい内容を録音聴取者に伝えることが期待できます。

なお、ボイスレコーダーを持参する患者・家族が録音を本来の目的以外に利用することが伺われる場合には、病院の「建物管理権」を根拠に録音を禁止することを伝えることもできます。もっとも隠し録音されている場合、その実効性は極めて不確かなものとなります。

患者側が録音を取ることを求めてきたとき、その目的が確認できれば確認しておくに越したことはありません。

患者の中には、当然素直な意味で医師の説明事実を理解し、医療に向かうという心ばえの人もいますが、多くの場合は医師に対して何らかの不安、疑問心を持っている人が多いという現実があります。後者の場合は、医師はそれだけで患者への不信感を抱かせる契機となります。しかしだからといって、録音の性質上、隠し録音もあり得ることから言えば、医師は、当該患者の性質をよりよく見抜いた上で医療に当たるということが要請されます。

2　患者の（不当な）クレーム事例のカルテ記載

質問2　①　患者のカルテは、その本来の記載目的は医療用のためであり、患者からの（不当）なクレーム内容を、どこまで記載すればよいか迷います。備忘録として残している事例もありますが、カルテに記載すべきかどうか迷ってしまいます。

②　カルテ開示を行い、その記録を患者から見せられ、「この記録をどう思うか」等、説明を求められます。また、記録内容について指摘を受けた看護師は業務が行いにくい状況です。話の内容や時間を記録に残すように指導はされていますが、カルテ開示になったときに個人を特定されることになるので記録をすることに躊躇します。このような場合にどのように指導・説明すればよいのでしょうか。

A　**患者からの要求の不当性が高いほど、記録記載は有用です。自己に不利益な内容の記載を確認した閲覧者は、今後の言動を改めることも多く経験されています。**

解説　患者からの不当なクレームに対して病院職員が対応できる有力な武器は、いわゆるカルテあるいは看護記録への「不当なクレーム」についての記載です。その機能は、「不当なクレーム」が重なれば、そのこと自体が最終的に当該医療機関と患者との医療契約の基礎である信頼関係の明らかな破綻となり、診療契約の解除の当否を判断する有力な資料となることです。特にカルテあるいは看護記録の記載内容は、原則として裁判においても真実なものとして取り扱われます。

以上のような前提で、クレーム事例のカルテ記載の方法を考えてみます。

クレームをつける患者との信頼関係が将来的に破綻しそうだと判断されれば、当該患者の言動は克明に記載、記録しておくべきです。その用途は、最終的には診療契約の解除の判断資料になります。一方、形式論から言えば、カルテあるいは看護記録には個人情報が記録されていますから、患者がその内容について訂正、抹消等を申し立てたときは、その要件をみたすかどうか判断した上で対応することになります。

質問①のケースは実際に訴訟で争われ、問題患者の問題ぶりが克明に看護記録に記載されていたために、病院の主張が通りました。実際医療事項でない記載が有用性を持つということの証明となりました。ちなみに大多数の患者あるいはその関係者は自分の言動がカルテあるいは看護記録に克明に記載されていることを知りません。自分たちの言動がこのような形で記録化されていることを、病院としては明らかにしておく必要があると言えます。

質問②については、患者のクレーム内容をカルテや看護記録に記載する趣旨を上記の通りだとすると、むしろ患者が記載内容について不当にクレームをつけることこそ信頼関係の破綻を自ら行っているものと言えます。記録記載の内容について執拗なクレームをつけてくる場合は、記載当事者よりも管理部門の職員が対応するべきです。その際には記録の正当性をきちんと伝えるべきです。それによる不当な反論に対しても、そのこと自体が記載事項となり、最終的に診療契約の解除もあり得ることを明確に伝えるべきです。クレーム自体の対応の困難性を考えて、記載を消極的にすることは、それ以上の不利益を招くことになることを病院職員としては自覚すべきです。カルテ開示を受けた患者からのクレーム記載に対する「クレーム」があった場合に、記載する職員としての困惑ぶりは十分に理解できますが、その困惑をできるだけ沈静化するためにも、職員全体で記録類にクレーム記載をすることの意義付けをきっちりしておくことが重要であり、そのこと自体が職員を防衛することにもなります。

3　医療現場でのレポート共有

質問
3

今の職場に就職して1年になります。私が以前勤めていた病院では、医療安全認定看護師がおり、定期的に院内研修会を開催したり、インシデント・アクシデントレポートに対してもスタッフに積極的に書くことを周知徹底させる活動をしており、皆率先してレポートを提出することで、問題の共有化が出来ていました。

しかし、今の職場には医療安全認定看護師がいないため、啓蒙活動ができておらず、レポートを書くことに対して、意識が薄いと感じます。

また、私が勤務している透析室では看護師だけではなく臨床工学技士が協働しており、職種が異なることもあって働きかけが難しいことがあります。例えば、先日インシデントが発生した際に臨床工学技士にレポートを書くよう促したところ、書いたところで同じ過ちを起こしており改善がないと言われ、困惑することがありました。

皆の意識が薄く、なおかつ職種の異なるスタッフが協働している状況下で、それぞれのスタッフが抵抗感なく意欲的にレポートが提出できるようにするために、どのように働きかけたらよいでしょうか。

A

経験談を武器に、執拗にレポート記載の有用性を説いてください。必ず傾向が変わります。

解説

この質問者は、自身の過去の経験を踏まえた上で、現在の状態について正当な批判を加えています。ご質問に対する回答としては、前の病院での経験が貴重なものであり、そのこと自体が医療安全活動について建設的な効果を生んでいるならば、今回の職場でも質的に同様の活動を実践することが望ましく、その実践に取り組むべきです。

各職種によってそれぞれ役割が違うことから、同一の行動をとることが困難だとしても、何らかの医療事故が発生すればその性質上、原因あるいは当事者を、特定の一部門に絞り込むことはできません。多職種が相互に協働しあう職場では、各職種の役割が相互に有効に作用しあって一定の有益な成果が発生すると同時に、マイナス面が発生することがあります。これらの仕組みを各職種の人が研修会等によって学習し、改善策、対応策を各職種の立場から提言し、確立した内容とすべきであり、その確立した内容を各人が情報共有すべきです。

医療安全活動の最終目標を患者への事故防止の一点に絞るとすれば、職種ごとにおのずから自己の分野の行動パターンが導かれるはずです。

質問内容に、「皆の意識が薄く、なおかつ職種が異なるスタッフが協働している状況下で、それぞれのスタッフが抵抗感なく意欲的にレポートが提出できるようにするために、どのように働きかけたらよいでしょうか。」とあります。

レポートを提出することについては、各レポート提出者の意識ないし必要性の認識に違いがあれば、どうしてもレポート提出への意欲に差が生じます。しかし質問者の立場としては、職種が違うからこそ、医療情報の共有化が必要であり、インシデントないしアクシデントレポートの集積によって、最も避けるべき不注意な医療事故発生の防止ができることを、何度も何度も強調して説得することになります。

レポート提出にあまり意欲を見せない医療者は、往々にしてレポートの意義あるいは役割を実感していないことが多いと言えます。そこでレポートを求める立場の人は、そのレポートが例えば医療事故防止に実際に役立った事実を報告して、その意義についての理解を求めるべきでしょう。

ご質問の臨床工学技士は「書いたところで同じ過ちを起こしており改善がない。」と言っています。しかし同じ過ちを起こさないことこそレポートの意義であることを、具体例を持って説得すべきです。それにはどうしてもインシデントないしアクシデントレポートの収集、分析、解析が必要となってきます。

4　看護記録の重要性

質問4　1対1の時に、してもいないことをしたように患者から言われた場合の対応について（例えば、セクハラ、暴言、暴力、処置のためにお尻を触るなど）、どうすればこのような災難から逃れられるでしょうか。

・看護師さんに、お尻触られた、胸触られた
・看護師さんに、叩かれた
・看護師さんに、バカ・アホ・死ね等言われた

A　この場合こそ看護記録の記載が強力な武器となります。この種の内容はすべて克明に記載してください。それによって事実の有無が判断されます。

解説　「言った・言わない」「した・しない」といった問題について、どちらが正しいのか第三者が判断する場合、厳密にいえば、いわゆる証拠が必要となります。

病院内でこれらの論争が発生した場合、もちろん言語では録音テープ、行動では画像が残っていれば、それによって事実はほぼ明らかとなります。しかしこれらが存在しない場合でも、病院には看護記録という最大の武器があります。看護記録に記載されている内容は、そのほとんどが信用されるというのが現在の裁判所の考え方です。最悪訴訟になった場合でも、事後的にでも看護記録に患者の言動が記載されていればその事実は存在した、逆に記載されていなければその事実は存在しなかったと確定的に認定されることになります。

病院はこれらの武器を持っているのですから、ご質問のような事態が発生した場合は、多少の勇気を鼓舞してでも事実をそのまま看護記録に記載しておくべきです。

記載の方法ですが、「看護師さんに叩かれた」と記載すれば、患者は

そのようなことを発言したのか、あるいは実際叩かれたのか、という議論になってしまいますので、例えば、「患者は看護師さんに叩かれたと言っている。しかし実際に看護師はそのようなことを実行していない。」と書くのが望ましいと言えます。このように記載すれば看護師が自身の立場で記載した通りの事実として認定されます。他のケースも同様です。

5　看護記録の記載ポイント

質問5　看護記録には実際に行った看護行為、患者の状態を記載しますが、患者の状態が急変した場合、経時記録で記録します。発見した時間、連絡した時間など、時間があいまいになることがあります。経時記録のポイントを教えてください。また、不適切だと思われる記載例はどのようなものでしょうか。

A　事態急変時の重要エピソードは、もれなく記載してください。大まかな流れに間違いがなければ、多少の時間の誤差があっても事実の認定には影響しません。

解説　経時記録のポイントの中身を知るためには、改めて経時記録の定義を検討することによって多少のヒントが得られそうです。

経時記録は、一般的には観察したい患者の状態、実施した看護、治療や検査内容と、それに対する患者の反応等を経時的に記録したものを言います。したがって、上記の内容が要領よく記載されることが経時記録のポイントになります。時間、時刻記載に電子時計のような正確性を求めることはほとんどできません。時間の記載は多少あいまいになっても、記録自体の本質が損なわれるわけではないというべきです。

経時記録の不適切な例として、文献上『看護記録パーフェクトガイド』（学研メディカル秀潤社、2013年）には、以下の例が挙げられています。

○月○日

10時10分	点滴が終了。ソルデム3A500ml＋ヘパリン5000単位入り点滴を追加し開始した。（看護師B）
10時16分	アラームが鳴っているため訪室した。「完了」のアラームが鳴り、輸液ポンプの設定を確認すると、流量と予定量を逆に設定していた。

医師に状況報告し、残量を22時まで滴下するよう指示を受けた。

10時35分　点滴42ml/時　滴下中。本人から苦痛の訴えは聞かれなかった。

上記記録が不適切な理由として、次の点が挙げられています。

① 点滴を追加した後の設定値、観察した内容の記載がない。

② 流量、予定量、予定量より余分に入った量、点滴の残量、患者の状態の記載がない。

③ 医師に報告した内容の記載がない。患者に説明した内容の記載がない。

6　看護記録の正確性と実際の現場対応

質問6　看護行為を行った時間を正確に記載することは当たり前であると考えますが、実際は、他の患者の看護行為と重なったり、手元の紙に控えることすらできない状況であったりと、正しい時間が記載できていない現状があります。正しい時間を記載するよう伝えてはいますが、現場は多重課題の状況下で限界があるように感じています。実際に事故が起きた場合のことを考えると、法的責任のある記録や、どのような対策を講じておくべきか苦慮しています。

◆**例1**　当院の日勤は10時、14時を検温の時間とあらかじめ定めているせいか、その同時間帯に複数患者の看護行為の記載をしてしまいます（例えば、患者A～Dの4名に対し、同一看護師がそれぞれの患者の看護行為を行った記録が存在する場合があります。）。

◆**例2**　メモが取れないほど忙しい状況（多重課題状況）でした。受け持ち看護師Aは「この位の時間だった」と思い、時刻を入力。後日、インシデントが発覚し、他の看護師の記録やその現場の状況を確認すると、看護師Aの看護行為の時間が違っていた可能性があることが分かりました。

A　**困難な課題ですが、看護記録の正確性をあくまで重視するとすれば、専門のクラークが必要となります。記載時の実情に応じて、その正確性が判断されるべきです。実情が記録記載に優先することがあり得ることを踏まえた記録理解が望まれます。**

解説　日常の看護業務、特に煩雑な業務が錯綜している時間帯で、正確な看護記録を作成することは、極めて制約された範囲内でしか実行できないことは明らかです。特に多重課題状況下では、そもそも記録を取る時間を設定すること自体が不可能に近いと言えます。そのような限界の中であっても看護記録の役割を多少でも重視するとすれば、限界下での看護記録は、限界下での看護記録としての機能あるいは信用性を活かすしかありません。

例えば、時間の記載に多少正確性を欠くとしても、その状態の発生は、多重課題状況下ではやむを得ない事態であり、看護者はそのような状況では可能な限りの努力を傾けて正確な時刻の再現を試みるべきであり、その結果仮に時間の正確性に欠けたことになったとしても、看護者自体の責任は問われないと言うべきです。

仮にそのような状況で訴訟になった場合、時間の認定は、例えば看護者の証言によって裁判所が独自に認定することになります。看護事故あるいは医療事故が発生した場合には、その時間的な流れを確認する意味でも時刻の記載は重要な意味を持ちます。

そこで事故後に時間的な流れを関係者が集まって検討する際に、例えば看護記録に記載されている時刻が他の職員の記憶ないし記録と比べてみて、間違っているとの疑いが強い場合は、他の職員が正しいと思っている時刻を改めて記載すべきです。このこと自体は別に変造でも改竄でもありません。単なる誤りの訂正です。ただし、訂正の時期が相当経過している場合は、訂正した理由を簡潔に記載しておくべきです。その理由になるほどと思える理由があれば訂正記録の内容が真実となります。

7 ミス発生時の看護記録記載の注意点

質問7 インシデント・アクシデント発生時における看護記録記載の注意点があれば教えてください。

(例) 患者のクレーム対応時の看護記録について

・患者の言葉をどこまで記録に残すのか。全て書ききれないのでポイントを押さえて記録しているが、ポイントとしてどこを押さえておけばよいか。

・罵られたら、そのままの言葉で書き記すのか。

看護記録に残すときは、きれいな言葉に修正して記入してしまいがちです。

A **患者のクレーム対応時の看護記録については、それ自体が医療記録ではありませんから、事実をありのままで書くことが必要です。患者に罵られたら、罵られた言葉をそのまま看護記録に記載すべきです。**

解説 インシデントとは、業務中に何らかのミスが起きたが、患者に障害を及ぼすことはなかったことをいいます。アクシデントとは、業務中何らかのミスによって、患者に障害が生じ、検査や処置が必要となったことを言います。

インシデント、アクシデントが上記のように定義されていることからいえば、確定したミスの内容は具体的に記載すること、患者の障害の有無を明らかに記載すること、といった点が実際上の注意点となります。

患者のクレーム対応時の看護記録については、そのクレームの内容がまったく医学的事実に基づかず、単なる嫌がらせ等の目的のもとになされている場合は、そのクレーム内容自体が問題行動として評価されることがあります。したがって患者のクレーム内容が明らかに限度を超えた内容であり、かつそのクレームの表現自体が常軌を逸していると判断される場合には、患者のクレームの内容は患者の発言通りに克明に記載しておくべきです。罵られたらそのままの言葉で書くべきですし、その内容をきれいな言葉に修正して記載することは、いわば事実を曲げた記載をすることになります。

特定の患者は、病院職員を罵る際には聞くに耐えないような罵声を浴びせることがあります。このような場合は、患者が発音した言葉自体をそのまま書いたとしても、いわば臨場感に欠けることがあります。これを補うためには患者が罵声を浴びせているときの具体的な模様を記載すべきです。

例えば罵声が「大声でなされた」「患者の鼻がピクピク動くような感じで発せられた」「周囲の患者に明らかに聞こえるような形で怒鳴り上げた」等の、当時の模様を具体的に記載することが大事です。その記載によって当該患者の罵声がリアリティを持って読む人に伝わるからです。またその際、その罵声を聞いた職員の印象も記載しておくべきです。その罵声を聞いた職員は「極めて恐怖心を感じた」「いたたまれない気持ちになった」「その罵声を聴いて以降職員の仕事の能率が極めて低下した」といった事情も、患者の罵声のリアリティを増すためには絶対に必要な情景です。これも記載しておくべきです。

病院職員はこの記載内容が、患者の罵声に対する将来の攻撃の武器になることを自覚すべきです。

8 病状説明同席時の注意点

質問 8

病状説明を行うときに看護師として同席します。

A医師は丁寧に説明しますが、病状説明用紙を使用しないので口頭での説明のみになります。カルテにも説明内容を詳しく記載しません。そのため、病状説明後の看護記録に患者の反応と共に説明内容の要旨を記載するべきか悩みます。

A

患者へ説明したという事実は、その事実の重みとともに裁判上の証拠になります。したがって、説明した医師がご質問のような状況であれば、看護記録に説明内容の要旨と患者の反応を記録しておくべきです。

解説

医師の説明の際に口頭での説明を丁寧にしたとしても、後にその内容を検証する際には、どうしてもその内容が記載されている記録に頼らざるを得ません。

同席されている看護師は可能な限り、医師の説明内容を詳細に記録するか、仮にそれが無理であるとしても、当該患者に対する説明の要点をあらかじめ医師と打ち合わせをしておき、その点については詳細に記録しておくといった配慮が必要となります。

医師の説明内容を看護記録に記載するということは、説明した事実と説明内容が医学的、法的に妥当なものであるかどうか判断する際に用いられるのであり、看護記録の役割は極めて重いものがあります。説明の方法として病状説明用紙を患者に手渡し、かつ医師が口頭で説明することで、より患者の理解を得ることができますが、問題は後の検証に耐える証拠を作成することの意義をどのように考えるかということです。

ご質問のA医師は、説明を丁寧にするけれども病状説明用紙を使用しない、カルテにも説明内容を詳細に記載しない、とのことです。

医師の説明義務の本質論から言えば、説明で重要な事は説明すること自体であって、その記録を残す機能は単に説明の事実の証拠として残すということに尽きます。したがってA医師の説明態度自体には根本的な難点はありませんが、証拠を残すという点では極めて不利です。

そこで医師の説明に同席している看護師が、看護記録上に医師の説明内容を記載することになりますが、看護記録上に医師の説明内容が記載されている限り、医師が説明したという事実は証拠上明らかとなります。

あわせて医師の説明に対する患者の反応を、患者が実際発声した言葉あるいは動作内容をありのままに記載しておくべきです。このことによって医師の説明に対しての患者の反応、例えば手術を受けることを承諾したのかどうかということが、証拠上明らかになります。その際、患者の言葉の表現という観点で言えば、患者の地の言葉、例えば患者固有の言い回し、あるいは方言が入っている方が、より承諾、不承諾のリアリティが増すという効果を生むことになります。

9 クレーム発生時の看護記録に記載者の感想を記載することの当否

質問9　クレーム発生時の看護記録について、相手が言ったことや表情などについて記入するのはもちろんですが、相手に対して自分で感じた印象を自分で受けた（感じで）記入してよいのでしょうか。個人名の記入や追記する場合はどうすればよいでしょうか。

A　**クレームの内容記載の性質は、医療事実、看護事実の記載と異なります。したがって、記載者自身の感情表現を用いて記載しても構いません。**

解説　違法なクレームの内容を看護記録に記載する際に、その記載内容は医療事実あるいは看護事実ではないことから、看護記録に記載することの当否が問題となります。

違法なクレーム内容は、本来その患者の医療事実あるいは看護事実でないわけですが、しかしながら臨床の場ではそれを看護記録に記載する必要性は否定できません。したがってこの場合は本来看護記録に求められている要請内容とは別の必要性を重視すべきです。

違法なクレーム内容を訴える患者は、その内容によっては病院と患者との信頼関係を破綻に導くことがあり、そのようなことが発生すると病院と患者との医療契約の解除という問題に発展します。このことも病院と患者との関係性においては極めて重要なことであり、決して座視はできません。したがって患者の違法なクレーム内容は、そのままの言葉で記載し、患者が実際その内容を「発声」したという証拠とすることが重要となってきます。またその際、記載者自身が受けた印象は、違法なクレームを発する患者の違法の程度を測る上で、極めて重要なものであり、記載には欠かせません。

違法なクレーマーの言動を看護記録に記載する場合、記載者は後日患者からその看護記録の開示請求があった場合に、患者が閲覧することに抵抗感を覚える場合があります。しかし多くのクレーマーは、自分の発言がほとんどそのまま記録に記載されていることについては関心がなく、その記録を閲覧すれば、発言の重大性に気づくことがしばしば経験されています。記載者はむしろ患者に閲覧させるためにもありのままの事実を記載すべきです。それによってクレーマーが多少でも違法な言動を抑制することになれば幸いというべきです。

10 医師の口頭指示と看護記録

質問10 医師からの指示が口頭の場合、今は看護師が代筆していますが、その後、医師に再度記入してもらう必要がありますか。あるいは確認のサインが必要でしょうか。

A **医師が口頭指示と看護記録の同一性を証明するためには医師のサインが必要です。**

解説 ご質問のような場合の看護記録記載の意味は、医師の指示内容の特定と、その指示を受けた看護師の理解内容が示されるということです。したがって医師からの指示が口頭の場合は、その正確性を証明するために看護記録の記載内容について医師、看護師双方が確認する必要があります。

確認の手段として医師のサインは、後刻でも求めておくべきです。

11 付添の家人が病院職員に無断で帰宅した後に発生した転落等についての対応

質問11 高齢者や認知症の患者の事故で、家人に付き添いしてもらったあと、家人が帰宅（スタッフに連絡なしで）した後、転落など起こった場合、どのような対応をすればよいでしょうか。予防員が不足している場合はどのような対応をしているのでしょうか。

A 付添者がいない場合に、転落防止の可能性の有無を検討することになります。

解説 ご質問の内容の状況で転落事故が発生した場合、病院職員は実際問題としてどのように防止できたのかということを、臨床現場の問題として詳しく検討することになります。

検討の中身としては、付添者がいても防止できなかったのかどうか、付添者がいなければ病院職員としてはどのような防止法が実際に取れたのかということを、転落の予見可能性を前提として検討することになります。

例えば病院職員が家人の付添があり、この付添の人に患者の転落防止について何らかの指導、注意点を指摘して、付添人がその内容を理解した場合は、家人が病院職員に無断で帰宅した場合は、付添人にも、ある程度の過失は発生すると言うべきです。

しかし基本的には、当該患者の転落を防止するためには、家人の付添が極めて重要な役割を果たすと病院職員が考えたとすれば、病院職員としては家人の付添の有無、内容について考慮に入れておくべきであり、家人の動静に多少でも関心を持つべきです。しかし基本的には付添者には専門的な転落防止の役割を期待することには限界があり、転落防止の主たる役割は病院職員が担うことに思いをいたすべきです。

12 看護記録の重要性

質問 12　急変時などの経時記録を記載する際、その場で記載したものに後で、修正・追加する際、どのような点に注意して行っていかなければならないのでしょうか。

A　**修正、追加する際は、その内容の真実性について特に注意を払う必要があります。**

解説　記録の修正、追加はその必要が認められる限り、必ず実行しておくことです。その際、記載者の記憶に反すること、あるいは変更された内容が事実かどうかの判断を経ないで、敢えてそのまま虚偽の事実として書くことは、改竄に該当します。

改竄とは、嘘を事実として記載したり、真実を隠す目的で医療記録を記載することです。このような記載は絶対に避けるべきです。

あやふやなことは、あやふやな内容を出来る限り吟味した上で掲載すべきであり、あやふやなまま記載すれば事態の真相の解明が一層困難となります。

13 医療事故についての記載方法

質問 13 医療事故発生時（例えば、投与量誤りなど）には詳細に医師の記録があれば、看護記録は状態の観察・変化の有無を記載しますが、その医療事故の事象についての記録は必要でしょうか。

A **医療事故の事象について医師看護師双方の認識が一致していれば、改めて看護記録に書く必要はありません。**

解説 例えば一つの医療事故について、医師の観察内容と看護師の観察内容が微妙に異なっており、その異なる内容が、例えば医療事故の法的責任（過失責任）を検討する上で影響を与えることがあります。

客観的事実は一つであるという立場から言えば、医療事故の事象についての記録内容も記載者によって異なるということは通常はないと言えます。

医師、看護師の一事象についての認識が異なることがあれば、その異なる内容については議論して一つの真実を再現するようにすべきです。その結果全く同じ内容であれば、改めて看護者の立場で記録する必要はありません。

14 重視される看護記録の内容

質問 14　医療訴訟の際、看護師の記録のどのような点が重視されますか。また日々の記録をする上での注意点について教えてください。

A　やはり細かな観察事実の内容が重視されます。医療行為の専門的判断の上で必要な事実は克明に記載されていることが求められます。

解説　医療訴訟の争いで、例えば医療事実の有無が争いになった際は、その医療事実を裏付けるものとして、カルテあるいは看護記録、検査記録等が提出されます。医療事実の経過が詳細に記載されているものとしては、なんといっても看護記録に勝るものはありません。

カルテには多くの場合、医療事実そのものはそれほど詳細に記載されるとは限りません。看護記録はこの点カルテに記載されていない医療事実についても詳細に記載されていることが常であり、医療事実の認定については看護記録が重要視されます。したがって看護記録の記載者は、患者の日常の医療事実を出来る限り詳しく記載しておくべきです。また記載した後にはその正確性について出来る限り確かめておくべきです。少しでも内容に疑問を感じたときは、その疑問もできる限り解消しておくべきです。そうでないときは誤った事実がそのまま医療事実として認定され、責任論が判断されることにもなりかねません。

15 ヒヤリハット、インシデントレポート記載のスタッフへの浸透方法

質問15 ヒヤリハットやインシデント発生時の事象の共通理解をするための記録方法やスタッフへの浸透方法について教えてください。また、医療安全検討会の担当者としてスタッフ指導のあり方はどのようにするのがよいでしょうか。

A **ヒヤリハットやインシデント記録の意義そのものを職員に伝えるべきです。**

解説 この問題はひとえにヒヤリハットやインシデント報告を作成することの医療的、看護的意味をどの程度理解するかによります。

多くのケースでは、これらのレポートが現場に活かされるように分析、整理されておらず、結果的に作成のみにとどまっていることが関心度を低める原因となっています。

医療安全検討会の担当者としては、頻繁に研修会を開き、それら報告書の分析、整理結果を周知して、現場に活かすべき内容を告知すべきと思われます。

16 認知症患者における暴言、暴力の記載

質問16 認知症患者による暴言や暴力について、何を問題とし、どう記録に残していくべきでしょうか。

A **認知症患者であっても、暴言や暴力はそれ自体「違法」との評価を受けます。したがって暴言暴力やその内容を克明に記載しておくべきです。**

解説 認知症患者による暴言や暴力は、その行動が患者のキャラクターに基づくものではなく病状の発現として発生しています。したがってそれら暴言、暴力は認知症患者の症状の一端というわけですから、治療が必要な限度でどのような記載内容が必要なのかといった観点から、それら事実を記載すべきです。問題患者の場合は、それらの言動は直ちに診療契約の解除に直結する可能性がありますが、認知症の場合はそのような事態に至るケースは少なく、治療の当否判断に収束することになります。しかしながら認知症患者であっても暴言や暴力それ自体は違法との評価を受けるわけですから、その後の対策を検討するためにもその違法内容は克明に記載しておく必要があります。

17 抑制解除の実施タイミング

質問
17 日々抑制解除に向けて関わっていますが、抑制解除したあと無断離院があり、再抑制実施のタイミングなど指標があれば教えてください。

A 抑制解除した後も患者の行動制限が必要かどうかという判断が重要となります。抑制解除の判断を抽象的に言えば、その必要性の消失の有無判断になります。

解説 抑制自体は、抑制の必要がなくなれば抑制を解除することが望まれています。抑制を解除することによって、身体的不利益としての離院が明らかに予測される場合は、抑制解除の条件は満たされてないと言えます。しかし、抑制解除の条件が満たされていれば、むしろ抑制は解除されることが望まれているのであり、それは実行されるべきです。抑制解除の実行の後に離院が発生したとしても、その場合はその段階で改めて抑制の条件具備の有無を検討することになります。内容を問わず、すべての不利益発生を回避することに最大の医療的価値を認めるとすれば、要するに常時抑制を実行することにもなりかねず、そのようなことになれば身体拘束の制度の趣旨に反することになります。

18 記録内容の真実性

質問18　①　医療事故裁判において看護記録の内容そのものを虚偽だと疑われる場合はあるのですか。また、そうならないために必要なことはありますか。
②　医療事故発生時の看護記録の記録方法、注意点（特に事後記録になった時の注意点）を教えてください。

A　①　経過上、時間的整合性がとれない場合、あるいは論理的にあり得ない経過等の記載があれば虚偽記載との攻撃をうけることがあります。整合性、論理性の観点から記載内容を検討することになります。「改竄」は当然のことながら回避すべきです。
②　確定した事実と評価は、記載すべきですが、確定していない段階では、記載内容は見合わせるべきです。

解説　①　記録内容が虚偽であるとすれば、そのような事態は看護記録のみならず医療記録全般の信用性を低下させることになります。虚偽であることを想定させる一般的な方法としては「改竄」があり、裁判所に提出された記録の中身をめぐって「改竄」されたかどうか争われるケースはしばしばあります。「改竄」の定義をしっかり把握した上で、その防止のための記録のあり方を検討すべきです。

②　医療事故発生時の看護記録の記載方法は、あくまでも事実を客観的に記載すべきであり、曖昧な内容をそのまま、あるいは確定していない判断事項をそのまま記載することは、避けるべきです。曖昧な内容が確定する、あるいは評価を確定した段階で初めて記載することになります。そのような吟味、検討を経ない段階では、その段階であることを明示（例えば注の形）した上で記載することになります。

19 医療安全における記録記載の可否

質問19 日々の業務の中で看護実践が最優先となり、どうしても記録が後回しになっている現状があります。そのため、必要な記録を短時間で残したいと思っています。医療安全における記録で書くべき記録と書いてはいけない記録のポイントを教えてください。

A **抽象論としては様々なことが言えますが、具体的な中身については、まさに具体的な案件を前提として検討されることになります。**

解説 看護記録上、医療安全のために書くべき内容と書くべきでない内容はおよそ以下のように分類されています。

書くべき内容としては、患者や家族にいつ看護記録の情報開示を希望されても差し支えないという気持ちの上で、読者である患者家族が理解できるような表現内容、方法を用いることを心がけること、情報は正確な内容を記載をすること、曖昧な表現、不適切な表現を避けること、といったものが指摘されています。

書いてはいけない内容としては、造語、略語、院内規定にない表現、誤解を招くような表現、人権を侵害する表現、命令的な表現、記録の漏れ等が多くの文献で指摘されています。

これらの具体的な中身の確定はなかなか困難なことが多いのですが、院内で実際に記載されている例を多くの人で検討する機会を持って、その内容を検証することが重要となります。

20 急変患者の記録保存

質問20　突然の急変が起こる前の状況が、記録にあまり残っていなかったことがあり、家族から「観察していなかったのか」と聞かれて困りました。状態が落ち着いていた患者であったため、規則で決められている範囲内の記録は残していたのですが、どこまで記録を残すべきなのかが分かりにくいことがあります。

カルテ開示が行われるようになり、看護記録を残す意義の重要性をスタッフに理解してもらうために、どのように指導や説明をしたらいいのか困っています。

A　**「突然の急変」というからには、急変以前には通常の状態であったことが明らかになれば充分です。観察を定期的にしている限り、突然の急変は想定できないということになります。あくまでも看護記録の役割と重要性を看護職員に指導、説明しておくべきです。**

解説　「突然の急変」という限り、それは事前に予測が不可能な事態というべきです。そうすると突然の急変を想定することができないわけですから、その発生を前提とした事実記録もできないわけです。

状態が落ち着いていた患者であれば、その事実を記載すべきです。状態が落ち着いているからこそ急変が予測できないことが立証されたことになります。少なくともこの問題で、どこまで記録を残すべきなのかという問題設定に悩む必要はありません。

看護記録は、看護師としての「責務」を果たしたことを証明する証拠書類であり、この記録は医療者のみならず患者も参画することがあり得ることを、十分に認識すべきであり、この看護記録の機能をスタッフに理解してもらうことです。要するに看護記録の読者の1人として患者ないし患者家族もそれに加えるべきであり、そうすると患者ないし患者家族が看護事実、医療事実を共有することが期待でき、医療者とともに病気に対応するという姿勢が生まれることも期待できます。スタッフにはこのような事態を説明しておくのが重要と考えます。

第6章

説明義務・同意

1　患者家族への説明義務①

質問
1
患者の家族に説明する義務はありますか。
術後に合併症が起こり、ICに同席していなかった家族から合併症等について聞いていなかったと言われ、トラブルになった事案がありました。

A
患者の事情によっては、その家族に説明すべき義務はあります。医師としては患者家族全員に同等に説明する義務まではありません。家族のうち信頼できる人に説明していれば説明義務の履行としては充分です。

解説
原則、患者本人に説明している限り、医療者には更に患者家族に説明する義務はありません。尤も患者が同意している限り患者家族にも患者の医療情報を伝えることは通常のことであり問題はありません。

一方、患者が説明に対する理解能力、判断能力が欠けているか低下している場合には、患者家族はあくまで「補充機関」として説明を聞く立場にあると言えます。

術後に合併症が起こった場合に、説明の席に患者家族が同席していなかったとして、その家族の一員から合併症について聞いていなかったというクレームがあったとしても、病院側が患者ないしその他の患者家族に実際説明している限り、このような抗議を受ける謂われはありません。

2 患者家族への説明義務②

質問 2

患者家族が、患者の病状説明を求めてくる場合がよくあります。検査結果などはもちろん医師による説明が必要だと思いますが、家族が遠方におり、日々の変化を心配して病棟に直接連絡してくる場合、病院職員は、どこまで説明してよいものか、どこを基準として考えればよいのでしょうか。

A

法的な説明事項と患者家族への固有の説明事項があります。その区別を明確にすべきです。

解説

まず、電話の相手が患者の家族であることの確認が一番です。その確認が取れれば、患者本人が家族への説明自体を拒否していない場合は、家族からの患者情報の問い合わせについては、その内容が特殊なものでない限り、かつ通常の業務に支障のない限り、説明するということが医療機関のサービスとなります。

家族が何を知りたいのかということを確認した上で、そのことを説明すること自体が妥当かどうかの判断もすべきです。

ただし、説明の内容の中に医療事実が含まれている場合は、その専門性からいってその説明は医師が担当すべきです。医療事実かそうでないかの線引きはなかなか微妙ですが、医療事実以外の患者の日常情報については病院職員でも十分にその内容を伝えることができます。

病院職員は、医療事実をたとえ家族とはいえ患者以外の第三者に伝えることは控えるべきです。病院職員ができる説明内容の基準はあくまでも医療事実あるいは医療情報以外の情報に限るべきです。例えば日常の患者の表情、言動等については医療情報と言えない場合があり、それらは可能な限り家族に伝えた方が良いと言えます。

3　有害事象発生の説明

質問 3　有害事象（合併症）の発生について、説明はどの程度まで必要でしょうか。

A　**一概には言えませんが、おおよそのところ1000分の1程度で発生する可能性がある有害事象（合併症）については、患者側に情報提供しておくのが無難です。**

解説　発生率が100分の1までのことは必ず説明をする。1000分の1～1万分の1については、説明すべきものと、そうでないものとに判例は分かれています。できれば1000分の1までは説明しておくほうが無難と考えられます。

要するに、合併症なのか過失なのかということが問題になりますが、合併症は医療ミスを含まないものを言います。予め合併症の説明をしておけば後は患者の自己決定権行使の問題となります。つまり、患者がその説明を受け入れた限り、患者は、受けた医療行為によって合併症が発生しても病院の責任を問わないということを認めたことになります。

どこをもって過失と判断するかについては、最終的には鑑定人の意見で決まります。昔は、裁判上でも患者サイドが個人的に50～100万円払って病院にミスをこじつけようとする私的鑑定人がいましたが、今は医学会等の推薦で正式な鑑定人に依頼するのが一般的となっています。

4 緊急時の説明と同意のルール（家族と連絡がとれない）

質問 4 緊急時（患者がショック状態、あるいは意思疎通が十分にできない場合）に、家族に連絡が取れない場合は、医療行為をどのように進めるべきでしょうか。

A 患者にとって最良と思われる医療行為を実施すべきです。

解説 ご質問の場合、患者本人がショック状態あるいは意思不疎通であれば、患者本人には医療行為の説明もできませんし、その同意をとることもできません。そのような場合、患者の意思を表明するための補助手段として家族の存在があります。しかし判明している家族にも患者の緊急度に相応した連絡が取れない場合は、そもそも患者の同意を取る要件が欠けているというべきです。

このような場合は、仮に医療行為が侵襲的行為であっても、同意を取ることができません。しかし同意が取れないからといって患者になんらの医療行為も実施しないという選択もありません。このような場合は、医療者は患者が生命をも危険に陥るような緊急度の状態にいるわけですから、少なくとも患者の救命のために、医療行為を直ちに実施すべきでしょう。

仮に患者の家族の同意が得られない、あるいは同意そのものを取るのにいたずらに時間を費やして、結果的に患者に危険な状態が現実化した場合は、むしろそのために医療者の責任が追及される可能性が否定できないというべきです。

（患者の自宅などに電話をしたが誰も応答しなかったときは、「何時何分に10回（2、3回より10回程度が良い）コールしたが応答なし。」と記録に記載してください。このことによって病院が実際に家族の同意を求めるように努力したということが立証されます。）

5　緊急時の説明と同意のルール（家族と連絡がとれる）

質問 5　緊急時（患者がショック状態、あるいは意思疎通が十分にできない場合）に、家族に連絡が取れる場合は、どうですか。

A　**家族に連絡がとれて、説明ができる時間が確保できるのであれば、家族の意向を確かめることになります。**

解説　患者の緊急度の程度にもよりますが、患者の家族と連絡が取れて、患者の状態を十分に説明でき、しかも患者の家族が同意、不同意の意思表明が十分にできる時間が確保できるとすれば、医療者は家族の意向に従うことになります。

しかし仮に患者の緊急度の程度からいって、家族に連絡が取れたとしても、家族に十分な説明と同意を求める時間的余裕がない場合は、患者の治療が優先する場合もあります。そしてその場合には、患者の少なくとも身体的利益のために最もふさわしい治療を選択することになります。そしてこのような場合には、やむなく治療後に家族にその内容を詳しく説明し、家族の了解を得ておくことが必要となります。

治療して一段落した後に、家族らへの説明と家族の了解内容をカルテに詳細に記載しておくべきです。さらにその際、患者の治療の緊急状態によって事前には家族の同意が得られていないことも付記しておくべきです。

6 同意のとれない患者への治療行為

質問 6 救急外来等において意識障害（急性アルコール中毒、脳卒中等）で搬送される患者の身元が確認できない場合、本人の同意が得られない場合の対応で、医療者側が気をつけておくことを教えてください。

A 患者側に意識障害があり、家族とも連絡が取れない状況ですから、患者にとって最善と思われる医療行為を実施することになります。

解説 このご質問の趣旨を、患者本人に意識がなく同意が得られない場合に医療行為を実施することの当否についての問題だとします。医療行為に患者側の同意が必要になる場合というのは、同意を必要とする程度の医療行為をする必要があるとき、容易に連絡可能な場所に同意権者である家族が存在していること、その家族に同意能力が存在することの全てを満たしている必要があります。したがって、このうち一つでも欠ける場合には、患者側の同意なしに、患者の利益になるとの判断の下に必要な医療行為を実施すべきです。この場合は上記要件のうちどの要件が満たされていないかを詳細に記録しておく必要があります。なお医療行為に過失があった場合の責任は、患者側の同意の有無に関係ありません。即ち患者の同意があったとしても医療行為に過失がある場合は、医療者に責任が発生するということです。

7 未成年者の患者からの同意

質問7　未成年者の医療上の決定は、具体的に何歳から親権者の同意なしに認められますか。

A　あくまでも原則的にいえば、18歳位が独自に医療上の決定ができると言えます。ただし、医療行為の内容によってはそれ以下の年齢でも独自に判断できる場合があります。

解説　患者が未成年者、精神疾患者、意識不明の場合などは、親権者、成年後見人に対して説明を実施すべきですが、意識不明患者に近親者等が見当たらない場合は問題となります。すなわち患者の意思能力が充分ではなく、かつ付添人もおらず、容易に連絡が取り得るものがいないという場合にどのように対応するかという点です。

これについては、説明すべき対象者が存在しないわけですから、医療行為が不可欠で放置すれば重度の危険が発生、あるいは悪化すると判断される場合には、医療行為を行っても説明義務違反にはならないというべきです。説明の履行自体よりも、患者の生命身体の利益を優先すべきです。

説明履行の相手方が未成年者の場合は、一般的にいえば多くの者が大学に進学するあるいは就職する18歳程度が基準になります。しかし、結局のところ当該患者の理解力、判断力の成熟度の判定に寄ります。

8 同意書へのサイン

質問 8 説明と同意において、あれもこれもすべての説明書にそれぞれサインを貰う必要はあるのでしょうか。

A 患者のサインをもらう同意書を合理的理由により選別しても差しつかえありません。

解説 医療者が患者に対して実施する医療の内容が、複雑であればあるだけ、個々の医療行為について患者側に説明し、患者側からこれに対して同意、不同意の意思表示を得ることが求められます。

しかしながら、例えば麻酔行為についての同意は手術の同意とは別に必要と思われますが、身体的侵襲が軽いもの、例えばモニター装置、酸素投与、静脈路確保等については、そのすべての医療行為に患者の同意が必要というものではありません。

ただし、難易度の高い手術等を実施するに当たっては、手術に至るまでに様々な準備行為が行われ、多くの医療行為が関与することが必要となります。そのような場合、個々の医療行為ごとにすべて個別に患者の同意、不同意の意思を求めることは、場合によっては、患者にとっては同意、不同意の意思表示（サイン）をすること自体に煩わしさを覚え、個々の医療行為について真に理解した上での同意、不同意かどうかの判断に迷うようなことがあります。

そのような場合は、本当に患者の同意、不同意の意思が必要なものに限定して、患者に説明し、その同意、不同意の意思を求めるべきです。

9　看護師の代筆の正当性

質問 9　入院患者に家族がなく、自分で字が書けない患者から、入院診療計画書・看護計画書の代筆を頼まれた時、看護師がサインをしてもよいのですか。

A　**事情が整えば看護師のサインは有効です。**

解説　ご質問のような境遇の患者であれば、各書類の意味を理解している限り､看護師がその依頼により代筆してサインをしても、それは患者の意思を表明したことになります。サインをしても大丈夫ですが、看護記録類にサインをした理由を明確に記載しておくべきです。

ただし、代筆によるサインの場合は、患者が書く書類の意味を理解していることが前提であり、ただ署名自体が例えば身体的理由により自力でできない場合にその有効性が認められます。

しかしながら、そもそも患者の判断能力が全く欠けている場合、あるいは意思能力がない場合は、もちろん書類の意味も理解できないでしょうし、看護師に署名を依頼すること自体の依頼行為もできないというべきでしょう。

代筆をする場合は、依頼者である患者の判断力をきちんと確認しておく必要があります。

10 処置後の説明

質問 10 「まずは処置を行い、説明はその後でします」という順番でもよろしいですか。

A 医療的処置の重要性が、説明に要する時間を待てないほどのものか否かの判断によります。

解説 このような事態は、必要な処置・治療をすることが極めて緊急性を帯びており、その処置が最優先する場合は、「まずは処置・治療を行い、説明はそのあとでします。」と患者側に伝えるのもやむを得ない場合があります。

もちろん処置・治療の内容によりますが、処置・治療の内容によっては例えば合併症、副作用が発生することがあります。合併症、副作用が発生したときに、患者側はこのような合併症、副作用が発生することをあらかじめ聞いていれば、このような処置・治療を受けることを選択しなかった、という言い分を伝えてくる場合があります。

本来であれば処置・治療前であれば、当該処置・治療によって発生することが予測される合併症、副作用の発生可能性を患者側に伝えた上で処置・治療が実施されるのですが、そのような説明をする時間がない、あるいは同意権者が目前にいない、というような事情があるときは、説明自体は処置・治療後にされることも止むを得ません。

しかし後の説明時に、上記のような患者側の意思が伝えられたとき、医療側は、あくまでも説明の時間的余裕がなかったことを伝え、実施した処置・治療が当時の患者の状態から言えば最適であったことを強調するしかありません。

第7章

感染症対応

1　院内感染時の対策・対応

質問1　入院中に、耐性菌やノロウイルスによる感染性腸炎にかかった場合、どのような場合に訴訟になりますか。また、感染対策としてどのような対応や記載が必要ですか。

A　**感染源及び感染経路が特定され、その各過程で医療機関に感染防止義務違反があれば、訴訟になり得ます。医療機関は、感染防止義務の内容を記録に残しておくことが必要となります。**

解説　感染性腸炎にかかって、そのために患者に治療費、あるいは入院が継続することによる慰謝料、休業損害等が実際に発生したときに、病院側がその法的責任を認めない場合、患者が訴訟に踏み切る可能性があります。

一般に感染訴訟については、感染源及び感染経路が特定された場合、その個々の場面において感染防止義務が実行されていたかどうかということが争点となります。したがって耐性菌やノロウイルスの発生が想定される場合、あるいはそれ以外の感染が想定される場合も、その各過程においてどのような感染防止策を実行したのかということが議論されることになります。医療側としては各感染防止策を医療記録上に記載しておくことが必要となってきます。

感染源あるいは感染経路がどうしても特定できない場合は、そもそも医療機関に責任が発生することはありません。しかし感染についてはその拡大が危険視されることから、その判断の過程をより慎重にする必要があります。また感染はその拡大性が重視されることから、得てしてマスコミの関心を惹きます。感染防止については医療機関は最大の注意を払うべきです。

2 感染リスクに対する病院職員の対応

質問 2

問診票の記入によって、面会に来た家族に下痢症状のあることが確認されましたが、その家族は、下痢の原因は感染性のものではないと強く否定し、その上、威圧的に患者との面会を要求されました。そのため、病院職員は、家族に患者との面会を許可しました。下痢が感染性のものであり、後日、患者に感染が認められた場合、感染した患者、家族から訴えられた場合、面会を許可した職員の責任はどう問われるのですか。

A

患者家族の威圧の程度によります。拒否できないほどの威圧であれば、病院の責任は否定的となりますが、そこまでの威圧があったと評価されるケースは少ないかもしれません。

解説

家族からの感染が強く想定される場合に、病院職員としては当該患者および他の患者の感染を防止するために強い方針を出すことが望まれます。しかし、方針の必要性を強調したにもかかわらず、家族が面会を強く要求してきた場合に、病院職員がその要求を拒否できたかどうかが、判断のポイントとなります。実際に感染が発生すれば、事後的判断として病院職員はその家族の申し出を断固断るべきであった、と評価されることが多いでしょう。限界事例ですが、このように家族が面会を強く要求する際の「威圧的言動」の程度によります。刑法上の「脅迫」に該当すれば、一般職員がそれに抗して面会拒否の通告をすることを期待するのは困難です。仮に、質問のように感染した患者から訴えられた場合には、病院としては同時に、感染をしていたにもかかわらず面会を強要した家族にも損害賠償を請求すべきです。

3　医師の感染により予定手術が延期されたときの責任

質問3　外科スタッフ（医師）3名のうち2名がインフルエンザと診断されたため、予定していた手術を急遽、術前日に一週間延期とし、一旦退院してもらいました。

患者は、今回の入院費用は払わない。手術が一週間延びたため、仕事の復帰が一週間遅れるわけなので、休業補償もしてほしいと言われています。

このような場合、入院費用はいただけないのでしょうか。また、休業等に関して何らかの補償が生ずるのでしょうか。

A　医師の感染が不可抗力の場合は、代替医の選任に尽力すべきです。もしそれが不可能、あるいは著しく困難な場合であっても、患者に損害賠償（例えば休業補償）を支払う必要はありません。

解説　入院費用あるいは休業補償は、それを支払う側から見て、仮に支払うとすれば責任の存在が前提となります。

本件の場合、仮に入院費用あるいは休業補償を負担するとすれば、医師は予定手術の前には、その手術が実施できなくなるほどの病気をしてはならないということになります。このようなことは常識上、否定的に考えられます。

ただし、予定手術が設定されている前日に、例えば大量の飲酒をする等が原因で病的状態に陥って、そのために手術不能となった場合には、これは医師に責任を認めても問題はないと思います。

しかしながらご質問の趣旨はインフルエンザであり、インフルエンザに故意に罹患することは望めないことから言えば、この罹患自体に医師の責任はないと考えるべきです。

もっとも、このような場合は、病院としては可能な限り別の術者の確保に向けて努力すべきであり、それでも術者を確保できなかった場合には、やむを得ない事態と考えるべきです。

確かに患者はこれによって事実上の損害を受けますが、しかし現実問題として、社会的なコミュニケーションにより解決すべきものと考えられます。

4　インフルエンザの院内感染について

質問
4
世間一般の病院で行われている標準的な感染防止対策は実施していますが、昨年度、重心病棟でインフルエンザが大流行しました。

今年度はインフルエンザの流行を防ごうと、昨年度の反省を生かして対策立案中です。

感染防止対策を実施した結果、また今年度もインフルエンザが流行し、最悪死者がでた場合、病院側の責任はどこまで問われるのでしょうか。

A
インフルエンザの感染源、感染経路が特定された上で、その各過程でいかに感染防止義務を実行したかということが、病院の責任判断の結果を左右します。

解説
一般に、感染に関する事項が訴訟になった場合、裁判所は原則として「(医療機関に対し）感染源および感染経路を確定できない以上、いずれの点において被告に過失があったか否かについてこれを確定することはできない。」との判断を示しています。

ところが、例えばMRSAの感染問題については、感染経路がある程度特定できる事案については、医療機関の感染責任を認めているケースがあります。この場合は、医療機関が感染の危険性が極めて高い状況を作り出しているという事情にあります。

一般に感染についての法律上の責任は、感染予防責任および治療責任という形で現れます。この責任を論ずる前提として、上記の感染源および感染経路が判明している必要があります。その上で上記責任が議論されるのです。

インフルエンザで言えば、感染源（例えば新規入院患者）及び感染経路（例えば飛沫、接触）が明らかになり、その上で医療機関がその予防をどのように実施していたのか、あるいは感染が判明した後の治療の実効性、有効性はどうだったのかということが議論されます。

抽象的に言えば「感染防止対策」が完全に実施されていたにもかかわらず感染した場合には、実行された感染防止対策の内容の吟味結果によりますが、感染自体は防止が不可能だというべきです。後は治療責任の問題を検討することになります。最悪患者が死亡した場合にその治療内容が議論されることになります。

5　新型コロナウイルス感染患者への面会制限と人権問題

質問5　私の勤務する病院では、新型コロナウイルスの感染が広がる中で、入院患者の面会制限を行いました。院内での議論において、あまりにも厳しく面会禁止とした場合には人権侵害に当たるのではないかという意見がありました。

面会禁止と人権侵害、その線引きはどの程度のものと考えるべきでしょうか。

A　**昨今の新型コロナウイルス感染の危険性から考えると、感染防止が極めて重要な目標となり、そのためには患者との面会制限も原則的には許容されると言うべきです。**

解説　新型コロナウイルス感染患者の治療を実施する医療機関が、最も恐れていることは、新型コロナウイルスの感染です。

病院が、新型コロナウイルス感染患者との面会制限をするのは、偏にその感染防止のためです。多くの病院では新型コロナウイルス感染患者への面会のみならず、一般の人の通常の面会も制約しています。これも「密集、密閉、密接」の3密を回避し、感染防止につなげるための処置と言えます。

しかし一般的に考えれば、通常の人が自分の知り合いの患者の見舞い目的で病院を訪れて、患者と面会することはなんでもない行動です。しかし新型コロナウイルスの感染が世界的規模で拡大しており、我が国でも残念ながら感染者が増加している傾向をみるとき、やはり常識的に考えて、患者との日常的な交流よりも、感染防止に力を入れることに批判的な目を向けることはできないというべきです。

例えば、面会を求めている家族と患者の交流を制限することは、確かに辛いことですが、現在の新型コロナウイルスの感染状態及びその危険性からみて、患者との面会交流に制限を課すことはやむを得ないというべきです。

もっとも患者側に、緊急やむを得ない事情が突発的に発生した場合などは、多少でもその制限は緩めて、しかし厳格な感染防止策を採った上で対応に踏み切るということになります。そのような場合でも病院側は、感染の危険性を常に考慮して万全の備えをしておくべきです。

6 新型コロナウイルス感染患者の治療における家族の苦悩

質問6 私どもの病院は感染症指定医療機関ではありませんが、行政からの要望を受けて、一般病棟での受け入れを決定しました。

新型コロナウイルス感染患者の入院病棟を設定しなければなりませんが、どの病棟においてもシビアな感染管理の経験者がいません。病院として新型コロナウイルス感染担当病棟を設定しましたが、担当となった病棟スタッフの父親から、恐怖心に駆られ精神的に就業できない、メンタル不調に陥ったのは病院のせいだ、という電話が病院にありました。

どのように受け止めるべきでしょうか。

A **病院スタッフの家族の心情も充分理解できますが、新型コロナウイルス感染患者の治療という公共利益の確保、社会防衛の観点から言えば、病院は家族の要望に応じかねることを伝えるということになります。**

解説 感染症指定医療機関は、その数が限定されており、医療機関で賄えないくらいの新型コロナウイルス感染患者が増えた場合は、どうしても一般病院でも受け入れざるを得ないことになります。

しかし、一般病院の職員が新型コロナウイルス感染患者を受け入れるということは、その患者と接触する過程で職員自身が感染するかもしれません。もっとも病院としては、可能な限り感染防止にふさわしい防護策を用いていることが前提となります。しかし、防護策が不足していたり、不充分であったりする場合は、病院職員にも感染の可能性が多少でも残ることになり、そのことが病院職員の家族にとっては悩みの種になります。

とはいえ、家族の心配を解消するために、病院職員がその職場を離脱すれば、まさに「医療崩壊」の実現が間近になって、これもまた病院の社会的役割を重視するとすれば、取り得ない選択肢となります。新型コロナウイルスの感染による生命の危険あるいは身体的不利益は、今後の感染者が特定されない以上、誰でも感染する危険性を持っているのであり、この異常自体は国家的規模で全力をあげて防止する必要があります。

病院職員の場合には、感染という危険がより一層高まりますが、それは完全な防護策を講じることによって防ぎ、その上で医療人としての社会的役割を全うすることが重要となります。家族の苦悩は、なかなか解消できませんが、これも新型コロナウイルス問題の社会的悪影響ということになります。

7 新型コロナウイルス感染の風評被害とその対策

質問7 職員の関係者に、新型コロナウイルス感染患者が出たのではないかという事実無根の噂が流れています。ホームページや院内掲示でそのような事実がないことを周知すべきでしょうか。

A 新型コロナウイルス感染患者については、様々な風評被害があります。風評被害の発生あるいは拡散を防止するためにもその防止策はとっておくべきです。もっとも、ホームページや院内掲示で周知する場合、記載内容については十分検討する必要があります。

解説 大げさに言えば新型コロナウイルスが人間社会に及ぼす悪影響の種類、程度、質は一般的な想像を絶するものがあると思われます。このような未曾有の事態が一般社会に発生した場合、個々人はその対応に忙殺されることになります。そしてその対応の中に、新型コロナウイルスは自分にとって無関係なもの、したがって同ウイルスに感染した人物が自分にとって無関係であることをアピールするためには、感染者の特定を憶測し、その人物とは自分とは無関係であることを強調して自分がその感染者の立場でないことを確認し、それによって自己満足することがあり得ます。そのような考えの人物は得てして感染者本人あるいは感染の疑いのある人物にまで自分にとって無関係であることを強調したいがために可能な限り人物を特定し、かつ批判の対象とする傾向にあることは否めません。

しかし、このような人物が感染者あるいは感染の疑いのある人物を社会的に抹殺する程度の行為に出た場合は、社会的にはそのような行為についての社会批判をすると同時に実際にその行為者に対する行動を阻止するような対応をすべきです。新型コロナウイルスの感染力とその被害の連鎖は歯止めが効かないこともあり得ることから言えば、例えば近隣で感染者が出た場合あるいはその疑いが出た場合、周辺当事者が極めて神経質になることは十分に理解できます。しかしそのような理由で感染者あるいは感染の疑いのある人に対する一方的な非難を向けることは、当然のことながら風評被害にも発展し、そこには何らの合理的理由を見出すこともできません。感染に関するこのような風評被害は社会的義務として抹殺すべきです。

8 新型コロナウイルスをめぐる「応招義務」問題

質問8 新型コロナウイルス感染防止策は、各病院がそれぞれ独自に患者へ協力を求めている部分が多く、医師法上の「応招義務」などの関係で、どこまで強く患者に協力を求めてよいのか迷います。

A 結局のところは新型コロナウイルスの感染者増が、現在の医療機関にとって対応可能かどうかとの判断によります。

解説 医療機関も、感染症指定医療機関と感染症非指定医療機関ではその扱いが異なります。例えば感染を診断した医師は直ちに報告義務があり、報告を受けた都道府県知事は患者に入院を勧告し、感染症指定医療機関への入院措置が行われています。感染症非指定医療機関は、緊急その他やむを得ない場合については感染症非指定医療機関へ入院させることがあります。このように特に感染症の指定医療機関となった場合は、都道府県知事から患者への入院勧告がある限り、当該感染症指定医療機関はこれを拒否することはできず、いわば入院診療を強制されることになります。そこには「応招義務」の解除という問題は発生しないとも言えます。

感染症非指定医療機関は、何よりも仮に感染患者が来院した際に他患者への感染防止あるいは病院職員の感染防止を図ることが重要な役割となってきます。この役割を適切に実行するためには、例えば予約ないし紹介状のない患者が来院した際に医療機関が「応招義務」をどの程度守ることができるかどうか、困難な問題となります。感染患者あるいは感染が疑われる患者を当該病院が受け入れるか否かは、感染防止について一般的に承認されている方法が採用されていることがその判断の当否判断に大きな影響を持ちます。

新型コロナ患者というかつて医療機関でも経験したことのない未知の患者群に対して医療はいかに対応すべきか、という問題は当分の間すべての現場で議論するテーマであり、特定の方向性を現段階で示すことは残念ながら時期尚早と言えます。

なお、医療機関で採用している感染防止対策について、患者に協力を強く求めること自体は、診療の拒否ではないため、応招義務の問題はありません。患者がかかる感染防止対策を拒否する場合は、その内容にもよりますが、当該患者の診療を拒否する正当な事由になり得ると思われます。

9 新型コロナウイルスをめぐる初診患者の診療拒否

質問9 当院は感染症非指定医療機関であり、新型コロナウイルス感染防止策として、初診患者を断っていますが、そのために患者の治療が遅れたと認められる場合、病院は責任を負うのでしょうか。

A **病院の責任判断は、ひとえに初診患者の診療を断る理由の正当性判断によります。**

解説 病院は（原則として感染症非指定医療機関）新型コロナウイルス感染防止策のために初診時の患者の対応について、現時点での医療機関が、感染ないし感染が疑われる患者に対して取り得る対応策を基に対応の判断がされています。現時点での医療機関が取り得る感染防止の対応策が感染症学的あるいは広く医療的にその適応があると判断されますと、その対応策によって具体的な患者の初診を当該病院が断ったとしても、そのこと自体がいわゆる「応招義務」違反に該当するかどうかの判断が必要となります。「応招義務」が解除されるためには「正当な事由」の存在が必要です（医師法第19条第1項）。

この点、厚生労働省は、「患者が発熱や上気道症状を有しているということのみを理由に、当該患者の診療を拒否すること」は「正当な事由」に該当しないため、当該病院での診療が困難な場合は、診察可能な医療機関への受診を適切に勧奨すべきであるとの見解を示しています。この見解を踏まえますと、①当該初診患者が訴えている症状、②当該病院は感染症指定医療機関、感染症非指定医療機関のいずれか、という点が重要になると考えられます。

まず、当該初診患者の訴えている症状が、新型コロナウイルスとは関係ないものである場合は、それを理由に診療を拒否することはできないといえます。

次に、当該初診患者の訴えている症状が、発熱や上気道症状などのように新型コロナウイルス感染が疑われるものである場合は、当該病院が感染症指定医療機関なのか、感染症非指定医療機関なのかによって異なると言えます。

当該病院が感染症指定医療機関の場合、質問8で説明しましたとおり、応招義務の解除という問題は発生しないと言えますので、診療を拒否することはできません。他方で、感染症非指定医療機関の場合は、診療が困難な状況にあり、感染症指定医療機関への紹介を適切に行えば、「正当な事由」の存在が肯定され、診療を拒否したとしても応招義務違反にはならないと考えられます。そのため、病院としては、患者に対して、当院では診療できないこと及びその理由を可能な限り丁寧に説明したうえで、新型コロナウイルス診療が可能な感染症指定医療機関への受診を強く勧めることが求められるでしょう。

10 新型コロナウイルスをめぐる「同意書」の取り扱い

質問10　本来であれば、医師からの説明を行った際にサインをしていただく同意書に関して、今は感染のリスクから「退院時に今日の日付でサインをいただくことになります。」と事前に説明をしたうえで、その旨をカルテ記載し、患者の退院時にサインをしていただいています。

しかしながら患者が死亡退院した場合や、サインをいただく前に軽症状療養用のホテルへ移送されることとなってしまう場合があります。

口頭の説明で同意をもらっていますが、同意書にサインをもらうタイミングがなかった旨をカルテに記載しておけば、実際の同意書にサインがなくても問題はないでしょうか。また手術同意書など、重要な治療行為に関する書類も同様の取り扱いでよいでしょうか。

A　**新型コロナウイルス感染の防止目的の実現という観点から言えば、ご質問のような同意書の対応については、問題はないと言えます。**

解説　医療行為と同意の原則を言えば、医師は患者に医療行為を実施する以前にその医療行為を受けることについての同意を得ておく必要があります。この同意は現実に医療行為以前に患者の真摯な同意があれば、医師は医療行為を実施することになります。

患者の同意の内容を書面に残すという目的は端的に言えば「同意の証拠を残す」ということです。したがって患者への医療行為の実施前に患者から真摯な同意を得ておれば、その確認手続きとしての書面の作成は、ご質問のような事情があれば、後刻であっても差し支えはありません。また患者が不幸にして死亡した場合は、後刻でもその同意書を得ることができないわけです。しかしその場合でもご質問のように、患者が同意したという事実がカルテに記載されている限り、問題はありません。

患者が他の施設に移動した場合は、確かに同意書を求めることは煩わしいことになりますが、それでもカルテに患者が同意したとの記載がある限り、最終的にはそのカルテ記載で患者の同意の存在を証拠づけることができます。

上記のような同意書の取り扱い方については、医療行為の重症度による区別はありません。新型コロナウイルス感染防止という正当な目的のために上記のような手続きをとることには問題がないというべきです。

第8章

その他

1　診療契約解除の要件
2　強制退去の是非
3　無断離院①（捜索の範囲）
4　無断離院②（警察への通報）
5　無断離院③（無断離院中の事故）
6　無断離院④（防止対策）
7　患者私物の扱い
8　患者私物損壊の賠償責任
9　患者所持金の使用
10　医療費・使用料等滞納の患者への対応
11　病院への不満を原因とする医療費未払い患者
12　家族で医療費を支払わない患者への診療拒否
13　生活保護受給者への未収金の対応
14　身元引受人のいない患者の権利
15　医療事故による患者死亡時の医療関係者の葬儀参列の当否
16　成年後見人について①（後見人の変更）
17　成年後見人について②（後見人の権限）

1 診療契約解除の要件

質問 1

入院中に「生活保護の申請」「住居の移転手続き」「亡くなった母親のことについて親戚と打ち合わせ」等々いろいろな理由をつけては外出、外泊（無断）を繰り返し、それが抗酸菌症治療の効果が期待できない原因となっている患者がいます。このような患者に対して強制退院等の処置が可能ですか。仮に、強制退院させて患者に異変があった場合、病院の責任はどうなりますか。

また、外来診療を求めてきた場合、診察拒否することは可能ですか。

A

この患者は、自己の病気を治療によって治そうとする意思がないと判断できます。強制退院してその後に容態が悪化しても、退院に「正当な事由」がある限り、病院は責任を負いません。

解説

一応病院の立場としては、本件患者が外出あるいは無断外出する真の理由を確認する努力をすべきです。患者側が伝える理由が、その病気の治療上の必要性を上回る内容でない限り、外出理由は合理性がないと考えるべきです。したがって、そのような趣旨で外出する患者は病院が提供する医療を積極的に拒んでいるとの解釈も成り立ちます。

このような場合に強制退院、すなわち診療契約の解除を伝えるためには、無断外出が繰り返されれば本件疾患の治療の効果が期待できないこと、すなわちその不利益は患者自身が負担することを明確に伝えたうえで、それでも無断外出が改善されない場合は診療の限界として契約解除に臨むということになります。その際、想定される不利益が患者に発生しても、それは医療者の説明によって患者自身が受け入れるということを認識しているわけですから、病院は責任を負うことはありません。

外来診療を求めてきた場合は、医師の合理的な指導に従うという誓約書でも取ってから診療に臨む程度にすべきです。患者が不利益を受けることを自分で受け入れている限り、他患者に迷惑をかけるものではなく、病院職員にも積極的な不利益を与えるものではありません。したがって、外来診療を前回の出来事を理由に拒否することが「診療契約解除の正当な事由」に該当すれば、診療契約を解除出来ますが、そうでない場合は消極的に考えることになります。すなわち、診療契約の締結あるいは解除は、その理由だけではできないというべきです。

2 強制退去の是非

質問 2 病院は敷地内禁煙となっていますが、入院患者が職員等の指導に従わず喫煙した場合、強制退院させることはできますか。外来患者が職員の指導に従わず、病院内で喫煙した場合、強制的に院外へ退去させることは可能ですか。

A 病院の患者への指導の内容、頻度、患者の禁煙への意識により、強制退院の是非が決まります。

解説 喫煙の規制については、国でも健康増進法が制定され、度重なる改正によって規制が厳しくなっています。特に受動喫煙を防止する際の配慮義務も規定されていることから言えば、病院という組織は同法にいう「第一種施設」に該当し受動喫煙の防止、あるいは喫煙目的室の設置等の義務が課されています。これらの法律の背景を元にしたうえで、多くの病院では敷地内喫煙が禁止されています。

しかし、患者が喫煙をした場合、その喫煙の事実のみを取り出して診療契約を解除することには慎重さが求められます。強制退院、すなわち診療契約の解除に持ち込むためには、病院は、禁煙指導を執拗に実施すること、それにもかかわらず当該患者が病院の指導に全く協力する姿勢を示さずに、再び喫煙を継続する等の要件が必要となります。

このような場合、病院は、いったん当該患者に対して喫煙をやめなければ診療契約の解除があり得るという警告文書を出すべきです。患者は受け取った警告文書にかかわらず、依然として喫煙を繰り返す場合には、病院との間の信頼関係が破綻したという正当事由で、診療契約を解除することがあるというべきです。

3 無断離院①（捜索の範囲）

質問 3 入院中の患者が、無断離院をして院内にいなくなったのが発覚した場合、「患者無断離院時の対応マニュアル」はありますが、具体的な捜索の取り決めはありません。

院外はどのくらい捜索すべきでしょうか。また、捜索範囲はどこまででしょうか。

A **無断離院者が赴きそうな場所を想定して、そこを重点的に捜索すべきです。**

解説 捜索するべき範囲は一般的には特定できませんが、少なくとも病院の周辺は、徹底的に探すべきです。それと病院の内部も徹底的に探すべきです。案外、病院の内部で通常は全く人が行かないところに本人が行っているケースがあります。また仮に、無断離院者が普段から関心を示している箇所があれば、重点的に捜索すべきです。また患者の歩行能力、あるいは公共交通機関を利用できる可能性があれば、その範囲は捜索の手を広げてもよいかと思います。

ところで、患者の無断離院が発生した際に家族に連絡されますが、その時に病院は「今全力で探していますから…」との言葉を添えられると思います。この気持ち自体は重要ですが、家族が病院に到着した際に、ほとんどの職員が日常の職務に従事している場合、「何だ、全員が探してないのか」との不満を持つ場合が多いと思います。無断離院が発生した場合に家族に連絡をする際の伝え方について、多少の工夫が必要かと思います。

4 無断離院②（警察への通報）

質問4 警察への通報の判断はどうすべきでしょうか。また、警察への捜索願いを家人が希望されない場合はどうしたらよいでしょうか。

A 家人が警察への捜索を希望しない場合は、それによる不利益状態を詳細に説明しておく必要があります。

解説 警察への通報については、離院が相当程度疑われる場合は直ちに通報することが重要です。通報によって警察官自身が捜索することはあまり期待できないにしても、当該患者に挙動不審の行動があれば、一般市民が警察に通報することがあり、このことが契機となって所在が判明することがあります。

警察への捜索願いを家人が希望しない場合は、あえて警察に通報することは控えることになります。しかし、そのことによるデメリットは明白に家族に伝えておく必要があります。

5 無断離院③（無断離院中の事故）

質問 5 無断離院中に事故（転倒等）が発生した場合、病院の責任はありますか。

A 患者が正常な自己判断で外出して事故に遭遇しても、病院は原則として責任は負いません。

解説 事故が発生した場合は、当該患者に正常な判断能力があり、自由な意思によって行動している限り、病院はその行動自体を制約する立場にありませんから、その患者が何らかの不利益を被っても、それによる責任を負うことはありません。これに反して、精神疾患等の病気の発現としての離院中に当該患者に不利益事実が発生した場合は、離院を防止する方法を取っていたかどうかが、病院の責任を判断する上で重要な要素となります。離院防止の方法といっても、臨床の現場で採り得る有効な方法は極めて限られます。

精神病院に入院している患者が自殺目的で無断離院することがあります。そして実際に自殺を決行したときは、患者の家族が病院に対して管理義務違反を主張して、場合によると損害賠償請求をしてくることがあります。その場合病院の責任論議としては、当該患者が自殺することについての緊急性、具体性が予見できるかどうかという点で争われます。

6 無断離院④（防止対策）

質問
6

病院自体の施錠はどの程度行うべきでしょうか。

A

身体拘束の問題として考える場面です。

解説

病院自体の施錠は、無断離院防止という利益よりも、患者自身が正常な判断能力に基づいて自由な行動をするということの制約にもなりますし、何よりも緊急事態である火災が発生したときの危険回避にとって、きわめて大きな制約となります。施錠自体は必要最小限に止めるべきです。仮に病院自体を全体的に施錠し、患者が自己の意思で外出することが困難、あるいは不能になるときは「身体拘束」というレベルで検討されることになります。その要件は極めて厳しいものがあり、結局「拘束」の観点からいっても病院自体の施錠は、余程のことがない限りしないほうがよいと思います。

7 患者私物の扱い

質問
7

手術前に、私物の片づけを患者ができないので家族に依頼したところ、看護師が依頼され、片づけを行いました。その際に片づけた物品（パソコン等）に後から異常があると患者から言われた場合は、病院に法的な責任が発生しますか。

A

純然たる法律論から言えば、異常があると申し出た側が、異常の事実とその原因が病院職員によるものである、という内容を立証する必要があります。

解説

患者から「パソコンに異常がある」との趣旨の指摘があった場合に、その患者が仮に損害賠償請求を意図していたとします。そのような場合は、患者の方で手術を受ける前にパソコン自体に異常がなかったことを立証する必要があります。これが法的な考え方です。患者側で上記の立証ができなかった場合は、結局のところパソコンに「異常」が発生していたとしてもその時期が特定できないわけですから、その原因を引き起こした当事者、あるいは原因そのものの落ち度も証明できないことになります。患者からこの種のクレームがあったときは、基本的に上記の考え方を応用して、法的責任の検討をすべきということになります。特に看護師が患者の私物を預かる時は、一応外見上の異常の有無あるいは機能の有無を可能であれば確認しておくべきです。

8 患者私物損壊の賠償責任

質問8 患者の私物を看護師が壊した場合、ご家族は「いいです」と言われますが、看護師が弁償するべきですか。また、患者の制作したもので買って返せない場合は、どのようにすればよいですか。

A **弁償の意思と損害賠償の放棄は、時間の流れによって可変する可能性があります。原則に戻って解決した方がよいと思われます。**

解説 看護師が完全に自分の落ち度で患者の私物を壊した場合は、当然損害賠償責任が発生すると言うべきです。家族が「いいです」と言っていますが、この意味を積極的にとれば、家族が損害賠償請求権を放棄したことを意味します。

したがって、家族のこの放棄するという意思が明白な場合は、看護師が賠償する必要はありません。単なる社会的な謝罪で充分です。

代替性のない物品、すなわち代わりが効かない物品を破壊した場合は、そもそも原状回復が著しく困難となります。したがって、代替品で損害回復するということは不可能になり、結局は金銭による解決、すなわち損害賠償責任を負うことになります。問題はその時価をどう評価するかということです。

最終的には専門家による鑑定という事態も考えられますが、鑑定に踏み切る前でしたら話し合いによるしかありません。話し合いが決裂すれば、制度的には訴訟を提起されることになります。訴訟が提起された場合、最終的に損害額は裁判官が判断することになります。

9 患者所持金の使用

質問 9 意識が無い状態の患者さんで、身寄りが無い場合、下着や洗濯などのために手持ち金（生活保護費等）を使ってもよいものでしょうか。経緯についてはどのように記録に残しておくべきですか。

A **もっぱら患者の利益のために使用するのであれば、消費内容を明確に記録化している限り、違法な消費にはなりません。**

解説 患者が所持金を持っている場合で、様々な理由により患者がその所持金を自ら使用することができないときに、病院職員が所持金を預かってこれを患者のために使用することがあります。

もちろんその場合は、預り担当者を決めて、個人的台帳などで厳格に管理することが求められます。しかしその使用については、ご質問のような事情がある患者の場合は、自らに必要な買い物も自らの意思でできないわけですから、病院職員が患者の利益のためにこれを使用しても、原則として問題はありません。

これを法的に言えば、例えば認知症等で本人が何ら意思表示ができないときは、事務管理（民法第697条、同法第698条）に根拠をおいて、金銭を使用することになります。もっともその際は金額の多寡にかかわらず契約書や依頼書といった書面を作っておくことが、後の紛争を避けるためにも重要なこととなります。

民法第697条

「①義務なく他人のために事務の管理を始めたものはその事務の性質に従い、最も本人の利益に適合する方法によって、その事務の管理をしなければならない。②管理者は、本人の意思を知っているとき、又はこれを推知することができるときは、その意思に従って事務管理をしなければならない。」

民法第698条

「管理者は本人の身体、名誉又は財産に対する急迫の危害を免れさせるために事務管理をしたときは、悪意又は重大な過失があるのでなければ、これによって生じた損害を賠償する責任を負わない。」

10 医療費・使用料等滞納の患者への対応

質問10 入院費を数ヶ月滞納している患者、外来の医療費を滞納している患者に対して、個室やテレビ等の使用をやめてもらうよう言っても構わないでしょうか。

A テレビの利用は直接の医療行為でないことから言えば、利用者がその費用を払わない限りテレビの使用を中止することができます。

解説 「個室やテレビの利用」がその使用実績に応じて費用がかかり、その費用を含めて患者が医療費を支払わない場合は、当然のことながら個室利用やテレビの利用を打ち切ることができます。すなわち、個室利用にせよテレビ利用にせよ、その利用自体によって費用が発生するものであり、その費用が支払えない場合は、その対価としての個室利用およびテレビ利用を病院が継続させる理由がないからです。

11 病院への不満を原因とする医療費未払い患者

質問11 患者の権利を主張、並びに治療内容及びスタッフの対応態度の不備を指摘し、正当な医療を受けていないとの理由から医療費支払いを拒み続けている患者がいます。その対応はどのようにすべきですか。

A **医療費の不払い理由に正当な理由がない場合には、支払いを催促した上で、それでも患者側が支払いをしない場合は、診療契約の解除を検討すべきです。**

解説 ご質問のようなケースは医療費の不払いの理由として、この種の患者がよく用いる「理由付け」です。

この「理由付け」の内容について病院側は、一応検討する必要はありますが､患者が申し立てている内容に全く合理性がない場合は、これらの理由は医療費の請求を拒める正当な理由にはなりません。

あくまでも患者がこの種の言動に固執し医療費を支払わないのであれば、病院としては法的手続きをとるしか方法はありません。

近時、厚生労働省が診療契約を解除する場合の一つの理由として、条件付きながら医療費の不払いもそれに加えています。

12 家族で医療費を支払わない患者への診療拒否

質問12 ある一家は何年もの間、診療費を全く支払わず、家族全員の診療費未納が数百万円に上ります。文書督促を行うも反応は無く、支払能力も低く、支払う意思がありません。家族1人に面談を試みましたが応じてもらえず、今後も受診にくることが予想されます。病院は診療拒否も難しく、どういった法的対応が可能でしょうか。

A 最近ではこのようなケースに対しては厚生労働省でも、診療契約解除の可能性について肯定しています。

解説 滞納している診療費の回収だけを試みるとすれば、現在のところ手続きとしては最終的には訴訟手続きをとる以外方法はありません。しかし訴訟手続きを経たとしてもその実効性については患者の資力の有無によります。患者に資力がない場合は、最終的な回収はできません。

この場合、診療拒否の当否が問題となり、診療拒否をする「正当事由」の解釈の問題となります。「正当事由」の中身は時代状況及び医療状況によって変遷するものであり、固定的な考えは取るべきではありません。今までは診療報酬の未納のみでは診療を拒否する「正当事由」に該当しないと考えられていました。しかしその考え方を突き詰めると、結局は無料診療ということに帰着します。

近時（2019年12月）、厚生労働省が診療契約の解除の一事由として、診療費の未払いも条件付きながら許容されるとの見解を示しました。

ご質問のようなケースの場合は、既に医療契約の基礎である信頼関係が破綻していると言うべきでしょう。信頼関係が破綻しているわけですから、そもそも医療契約の締結基盤がなく、結局は医療契約の解除を申し出ることができるというべきです。未納診療報酬については、なんら公的保証もないわけですから、医療機関として最終的に医療の提供を拒否することによって、未納の額の増加を防止する一助とすべきです。

医療契約を消費者感覚で検討することが妥当というのであれば、医療の提供をしている限りは、その対価としての報酬は当然支払われるということになり、それが実現しないのであれば契約の解除ということになります。

13 生活保護受給者への未収金の対応

質問13 最近ニュースで、生活保護を受けている人が更に増えていると聞きました。当院でも受診・入院の患者がいますが、未収金問題がある患者は法律で守られるのですか。未収金解決にはどういう方法がありますか。

A **少なくとも現行法上は、医療は有償です。医療は無償ではありません。この原則を可能な限り徹底し、その原則が守られなければ、病院としては医療の提供を制限ないし中止することにならざるを得ません。無償の医療が継続すると、病院の経営破たんということにもなりかねません。**

解説 生活保護を受けている人は、医療に関しては医療扶助を受けることがありますから、診療費に関してはそれほど大きな問題とならないと思われます。しかし医療扶助でカバーされない医療を受けた場合は、当然に未収の問題が発生します。医療扶助を受けない患者の場合でも、未収金の問題は年々増加しており、その解決策をめぐって各医療機関で工夫されていますが、確たる成果が上がっていません。

未収金の問題の最終段階は、未収を理由として診療契約の解除ができるかどうかということですが、この問題だけに絞って診療契約を解除した例は表面化していません。行政的な多くの解釈では、未収だけを理由として、診療契約の解除はできないとされており、また未収金の回収についての適切なアドバイスは得られていません。しかし最近（2019年12月）、厚生労働省が様々な条件を付けていますが、診療費の未払いの案件について、その患者との診療契約を解除することを肯定するとの見解を打ち出しました。行政的にはこの厚生労働省の見解を武器として医療機関は診療契約の解除を含めた対応を積極的に進める方向になります。

残るは裁判所がどのような判断を示すのかが、今後の関心の的となります。

14 身元引受人のいない患者の権利

質問14 身元引受人がいない患者の権利について、
① 転入先の保証人がいない場合はどうすればよいですか。
② 死亡時の対応はどうすればよいですか。
③ 病院が代わりにするという法的根拠は何でしょうか。

A 様々な事例が考えらます。

解説 ① ご質問の患者が身元引受人がいないだけで、身元引受人にならない家族がおり、かつ患者自身が判断能力は健全である場合を想定します。病状の都合上、当該患者に転院が必要となったときは、身元引受人の設定が医療を受ける条件となっている場合、転任先の病院が、身元引受人がいないという理由だけで転院を拒否できるかが問題となります。すなわち病院としては診療拒否ができる「正当な事由」（医師法第19条第1項）に該当するかどうかという問題になります。一般論で言えばこれは否定的に考えられます。

患者の判断能力が極端に低下している場合は「成年後見人」の選定を検討することになります。親族関係者で成年後見申立人が確保できない場合は、場合によっては市町村長に申し立てを委ねることになります。ただしこの場合、成年後見人に医療行為の同意ができるかどうかという問題がネックとなることがあります。

②③ 身元引受人がいない状態で患者が死亡した場合、その家族も全くいない場合、埋葬処理は市町村に委ねることになります。病院がそれらの事務の代行をするとすれば、民法第697条の事務管理の規定が適用されます。

※前掲180ページの民法第697条、同法第698条の条文を参照。

15 医療事故による患者死亡時の医療関係者の葬儀参列の当否

質問 15 患者が死亡し、裁判となったケースで、医師や看護師は葬式に参列すべきですか。

A 医療行為の過失にことさら重大な内容がない限り、あるいは特別に個人的な関係が築かれていない限り、担当医師や看護師が葬儀に参列することには消極的であるべきです。そうでなければ極端に言えば死亡案件はすべて担当医師や看護師が葬儀に参加することが義務化されることになりかねません。

解説 医師や看護師は、一般的には患者の葬儀には参列しません。友人・知人で患者またはその家族と特別なつながりがある場合には参列するケースもありますが、その場合はあくまでも個人的なつながりであって、医師・看護師、患者という社会的関係を基にした参列ではありません。個人的なつながりでないときに葬儀に参列することによって、患者側に責任論で余計な期待を与えてもいけません。

医療側に過失がないということで争っているときに、参列して、先走った行動や接触であれこれ口述すると、それが自白となってしまう可能性があります。

共感表明はいくらしてもよいのですが、責任につながるような細かな説明は責任を認めたことになるので慎重に対処することです。ただし、病院の責任が明確であれば、隠さずにミスを認めた責任表明をして謝罪すべきです。

16 成年後見人について①（後見人の変更）

質問16 認知症の人を家族Aが介護していましたが、別居で疎遠だった家族BがAの知らない間に後見人になっていました。後見人は一度決定したら変更できないのですか。

A **家庭裁判所が、利害関係人の申立てにより、成年後見人が不適格と判断すれば解任することがあります。**

解説 成年後見人を選任する場合、成年後見人候補者が申請書に記載されていれば、可能な限り親族・身内間に、成年後見人候補者として記載されている人物が当該被後見人の成年後見人として妥当かどうかとの意見を求める制度があります。

したがってご質問の場合、別居で疎遠だった家族Bが成年後見人の申請書を裁判所に提出した段階で、家族Aにも連絡があるはずです。連絡がないということは、申請書に家族関係の記載がなされていないか、記入が漏れていたとも考えられます。

いずれにしても成年後見人が裁判所から選任された場合でも、成年後見人自身が成年後見人を辞任すること、あるいは成年後見人が裁判所によって解任されることもあります。それぞれの要件は「民法第844条」及び「同第846条」に記載されています。どちらもそれぞれの条件が必要です。

17 成年後見人について②（後見人の権限）

質問 17 身寄りのない患者（認知症あり）の手術承諾書に後見人がサインしました。後見人の権限の範囲はどこまで含まれますか。

A 法律上の原則から言えば、成年後見人には医療行為についての同意権は付与されていませんが、医療側の要請によって事実上、同意しているケースは見受けられます。

解説 成年後見人の役割は、認知症の高齢者等本人に付与された同意権、取消権、代理権を行使して、本人の財産を適切に管理することです。

成年後見人の役割は、以下のようになります。

① 財産目録の作戦

② 財産目録に関する各種手続き

③ 自宅不動産の処分

④ 身上配慮義務

④の身上配慮義務は、本人と同居して、自らケアをする義務まではありませんが、本人の生活状況を見て、在宅福祉サービスを検討したり、生活に必要な高齢者福祉サービスに関する契約を締結するなどがその内容となります。

成年後見人が、親族以外の第三者である場合には、成年後見人は医療行為についての同意権は有しないとされています。医療現場では不都合が発生していますが、成年後見人には医療行為の同意権はありません。

ご質問の身寄りのない患者（認知症あり）の手術承諾書に、後見人がサインしたからといって、その手術承諾書がそのまま有効とみなされるわけではありません。しかし実際の臨床現場では、患者の手術について有効な承諾権者がいない場合は、患者の推定的承諾として後見人の同意をもって、実際に手術されるケースが多いと思われます。

◆**編著者略歴**

森脇　正（もりわき・ただし）弁護士（岡山弁護士会所属）
岡山大学法学部卒業／1977年弁護士登録／1983年森脇法律事務所開設／岡山県医師会顧問弁護士、岡山県病院協会・同県看護協会・同県薬剤師会・同県歯科医師会・同県介護支援専門員協会などでも顧問を務め、岡山済生会総合病院、倉敷中央病院などの理事、監事を務める。他に岡山大学病院、川崎学園、国立病院機構岡山医療センター、岡山赤十字病院、岡山市立市民病院、岡山ろうさい病院などの顧問を務める。

森定　理（もりさだ・おさむ）川崎医科大学総合医療センター　病院事務部参与
慶應義塾大学法学部卒業／1974年安田火災海上保険株式会社（現・損保ジャパン㈱入社／2007年学校法人川崎学園（岡山）に転籍。川崎医科大学附属病院及び川崎医科大学総合医療センターにて医療紛争対応業務に従事。「問題患者等対応検討会（MPA）」会長を務める。

《森脇法律事務所》
〒700-0816　岡山県岡山市北区富田町１丁目２番13号
TEL 086-226-1215　FAX 086-226-1239
E-mail info@moriwaki-lawoffice.com

医療現場のわかる弁護士らが教える !!
看護師・病院職員のための患者対応 Q&A

令和２年７月30日　第１刷発行
令和２年10月１日　第２刷発行

編　著　森脇　正
　　　　森定　理

発　行　株式会社 ぎょうせい

〒136-8575　東京都江東区新木場1-18-11
URL：https://gyosei.jp

フリーコール　0120-953-431
ぎょうせい　お問い合わせ　検索　https://gyosei.jp/inquiry/

〈検印省略〉

印刷　ぎょうせいデジタル㈱

ISBN978-4-324-10830-7
(5108615-00-000)
〔略号：患者対応 QA〕